736

octubre 2011

Cuadernos Hispanoamericanos

Edita Ministerio de Asuntos Exteriores y de Cooperación.
Agencia Española de Cooperación Internacional para el Desarrollo
Ministra de Asuntos Exteriores y de Cooperación
Trinidad Jiménez
Secretaria de Estado para la Cooperación Internacional
Soraya Rodríguez Ramos
Director AECID
Francisco Moza
Director de Relaciones Culturales y Científicas
Carlos Alberdi
Jefe del Departamento de Cooperación
y Promoción Cultural Exterior
Miguel Albero
Jefe del Servicio Publicaciones de la Agencia
Española de Cooperación Internacional
Antonio Papell

Esta Revista fue fundada en el año 1948 y ha sido dirigida sucesivamente
por Pedro Lain Entralgo. Luis Rosales. José Antonio Maravall,
Félix Grande y Blas Matamoro.

Director: **Benjamin Prado**

Redactor Jefe: **Juan Malpartida**

Cuadernos Hispanoamericanos: Avda. Reyes Católicos, 4. 28040, Madrid.
Tlfno 91 583 83 99. Fax: 91 583 83 10/11/13. Subscripciones: 91 582 79 45
e- mail: cuadernos.hispanoamericanos@aecid.es
Administración: **Carlos Avellano Mayo**
e-mail: cuadernos.administración@aecid.es
Suscripciones: **María del Carmen Fernández Poyato**
e-mail: mcarmen.fernandez@aecid.es
Imprime: Solana e Hijos, A.G., S.A.U.
San Alfonso, 26. La Fortuna, Leganés.
Diseño: **Cristina Vergara**
Depósito Legal: M. 3875/1958 - ISSN: 0011-250 X - NIPO: 502-11-003-7
Catálogo General de Publicaciones Oficiales
http://publicaciones.administracion.es
Los índices de la revista pueden consultarse en el HAPI
(Hispanic American Periodical Index), en la MLA
Bibliography y en el Catálogo de la Biblioteca

**La revista puede consultarse en
www.cervantesvirtual.com**

736 Índice

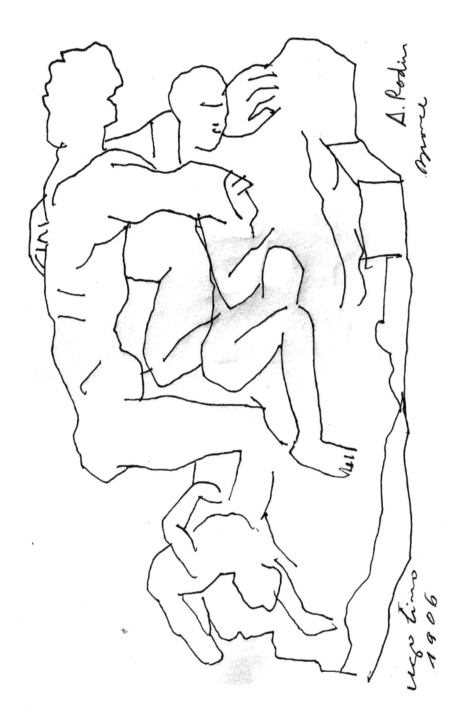

Algunos muertos tienen mucho que escribir

Benjamín Prado

En este mundo obsesionado hasta la extenuación por el futuro, el progreso y las novedades, es difícil encontrar un minuto para mirar atrás, y por eso el porvenir vive mejores tiempos que el pasado. Nos movemos en la superficie y a la carrera, olvidando, o no queriendo saber, que para que el tiempo sea de verdad oro hay que detenerse y cavar, y no queriendo o pudiendo entender en muchas ocasiones que renunciar a la historia es quedarse sin la mitad de la vida, que está compuesta por «un adelante, la acción; y un atrás: el recuerdo», como dice el psiquiatra y escritor Carlos Castilla del Pino en uno de sus *Aflorismos*, publicados ahora, a los dos años de su muerte, y en los que se reúnen sus pensamientos más espontáneos pero también más certeros, casi un millar de anotaciones que se amparan en una cita de Samuel Johnson elegida para explicar que el brillo y la profundidad son antagónicos pero no incompatibles y que la concisión es una victoria por lo que ahorra y una renuncia por lo que evita: «Tal vez un día el hombre, cansado de preparar, explicar, convencer, llegue a escribir sólo aforísticamente».

De momento, lo que sí sabemos es lo que ya ha pasado y ya se ha escrito, pero nunca del todo, porque libros como el de Castilla del Pino, preparado y prologado por Celia Fernández, logran que los autores desaparecidos puedan seguir manteniéndose en contacto con nosotros a través de sus inéditos, a veces, como en este caso, porque dejaron lista alguna obra para su publicación, y en otras, como ha ocurrido últimamente con el *Diario anónimo* de José Ángel Valente y con la *Correspondencia* entre los novelistas Carmen Martín Gaite y Juan Benet, ambos recién aparecidos en Galaxia Gutenberg; o con el *Epistolario inédito sobre Miguel Her-*

nández, 1961-1971, que ha sacado la editorial Renacimiento y en el que se recogen las cartas cruzadas entre el crítico Darío Puccini y Josefina Manresa, la viuda del autor de *Viento del pueblo.* Leer todos esos libros no sólo nos permite conocer más acerca de esos escritores admirables, sino también conocerlos desde otro sitio, en este caso desde la intimidad, porque lo que ahora nos llega a los ojos no estaba hecho para la luz pública, sino para ser leído de puertas para adentro. Uno vulnera esa intimidad y aunque por una parte se sienta un extraño que participa de una fiesta a la que no había sido invitado, también tiene una sensación de privilegio y un sentimiento de cercanía.

Es una suerte que, a pesar de todo, aún estemos dispuestos unos a invertir su esfuerzo y su dinero en rescatar del olvido textos de esta naturaleza y otros a disfrutar de ellos como lo que son: un tesoro recién desenterrado **c**

El oficio
de escribir

Ugolino
1906

A. Rodin
Bronze

Reality Show
Santiago Roncagliolo

Las buenas historias no siempre están dentro de tu cabeza. Pueden estar ahí afuera, en la vida política de los países, en tu rutina familiar, o en los extraños ruidos que hace el vecino de arriba. La realidad está llena de buenas historias, que podemos leer por el placer y la emoción que nos causan, como se lee una novela.

De hecho, en la lengua inglesa existe la categoría de «novela de no ficción», que inauguró Truman Capote con la famosísima *A sangre fría*. La novela narraba un oscuro crimen de provincias, pero su propósito no era informativo. No había un público masivo interesado por conocer la verdad sobre el asesinato de la familia Clutter, como sí lo puede haber para la muerte de John Kennedy o al ataque de Pearl Harbour. Este era un hecho de los que apenas ocupan un rincón de los diarios serios, un crimen que altera profundamente la existencia de un pequeño pueblo, pero no afecta en nada a la vida del resto del mundo.

¿Por qué leerlo entonces? Por la misma razón por la que leemos novelas. Porque no nos da información útil sobre ningún tema de actualidad, sino sobre la condición humana, sobre lo que las personas, cualquier persona, puede llegar a ser. Sólo que en este caso, además, es real.

La meta ideal de la crónica policial, y de la literatura más convencional, es descubrir al asesino: el típico juego intelectual que nos plantean los detectives clásicos como Sherlock Holmes y Hercules Poirot. En cambio, lo que nos cuenta Capote es por qué las personas matan salvajemente aunque apenas saquen de ello ningún beneficio. El autor sigue a sus dos asesinos desde los prolegómenos del crimen hasta su propia ejecución. Desde que matan hasta que mueren. Y logra conmovernos con ellos. Mientras seguimos sus peripecias –o las del protagonista de *La Canción del Verdugo* de Norman Mailer– nos preguntamos: ¿Son unos monstruos o la sociedad los ha convertido en monstruos? Y si es lo segundo ¿Es más justa la ejecución judicial que su asalto a la familia?

Un libro periodístico nos proporciona información sobre un tema de interés. Una novela nos formula preguntas que van más allá de su tema, y que desafían nuestras verdades más sólidamente establecidas, por ejemplo, que los asesinos son malos y la sociedad es buena.

Con *A Sangre Fría*, Capote inventó un libro que hacía las dos cosas, y un género que muchos siguen llamando «periodismo literario».

Empecé a estudiar las técnicas narrativas aplicadas a la realidad mientras planeaba *La Cuarta Espada*. Para contar la historia del líder del grupo subversivo Sendero Luminoso, mi principal problema técnico era el punto de vista. En un tema tan delicado políticamente, incluso la elección de palabras implica una toma de partido: «guerrilleros» tiene connotaciones diferentes que «terroristas». Mis fuentes senderistas y militares me exigían respetar sus versiones de los hechos, pero las dos versiones eran diametralmente opuestas.

La solución llegó cuando comprendí que yo no soy un ensayista, sino un narrador. Mi opinión sobre el tema era bastante convencional: yo me sentía horrorizado por la violencia de ambos bandos e incapaz de optar por uno de ellos. Pero precisamente por eso tenía mucho interés por escucharlos a los dos, algo de lo que carecen los que tienen ya todas las respuestas.

Las técnicas narrativas de la novela, el diálogo, la descripción de escenarios, la narración en primera persona, me permitieron cederles la voz a los protagonistas, cuya opinión es mucho más valiosa que la mía. Y por supuesto, el referente de Truman Capote me inspiraba a buscar la voz de los verdugos.

También mi comprensión de España, el país en que vivo, le debe mucho al periodismo literario. He leído muchas novelas y ensayos que machacan una u otra de las dos versiones de la historia española del siglo XX, pero siempre me dejan con la misma pregunta: ¿Tan malos eran unos y tan buenos eran otros? Y si fue así ¿Por qué medio país piensa lo contrario? ¿Por error? ¿Por maldad?

Para entender en profundidad algo, a veces son más útiles las emociones que los argumentos, y por tanto, las narraciones que los alegatos. Libros como *Homenaje a Cataluña* de George Orwell, *Enterrar a los muertos* de Ignacio Martínez de Pisón o *Anatomía de un instante* de Javier Cercas cuentan la historia de España a través de las historias personales de personajes fundamentales o anónimos, con los cuales recorremos las dos orillas ideológicas de un país demediado.

Mucha gente cree que para escribir estos libros no hace falta imaginación, sólo observación. Pero ambas cosas no son excluyentes. Por el contrario, se alimentan mutuamente. Comprender a las personas e interpretar sus acciones requiere una gran imaginación, sobre todo si han fallecido y ya no podemos hacerles preguntas, como ocurre con los personajes de Martínez de Pisón. Y lo mismo puede decirse del libro de Cercas desde su planteamiento: *Anatomía de un instante* estudia la historia de los tres hombres que desobedecen la orden de tirarse al suelo durante el asalto al Congreso capitaneado por el teniente coronel Antonio Tejero. Resulta que uno de esos tres era militar, otro era falangista y el último, comunista. Por lo tanto, los tres héroes de la democracia fueron criados en la antidemocracia. Muchos libros se han escrito sobre el golpe de Estado del 23F. Pero hace falta imaginación literaria parar convertir ese episodio en metáfora y radiografía de un país.

Ahora bien, una buena historia no necesariamente es policial o política. No hace falta inscribirse como recluta en una milicia o entrar en el pabellón de la muerte para encontrar narraciones apasionantes. Con frecuencia, basta con mirar mucho más cerca: a nuestra propia familia.

Eso es lo que hacen libros como *Patrimonio* de Philip Roth, *Experiencia* de Martin Amis o *Tiempo de vida* de Marcos Giralt Torrente, cuyos autores escriben sobre sus propios padres, y en particular, sobre la muerte de sus padres. Lo más curioso es que tres libros con el mismo planteamiento puedan ser tan diferentes.

Personalmente, creo en dos dogmas: toda historia real, buena o mala, es original, porque le ocurrió a una persona en concreto. Y siempre que escribimos sobre las cosas que nos afectan profundamente, teñimos al texto de una gran fuerza expresiva. Los libros señalados son, por eso, conmovedores y originales a la vez.

Pero además, casi todos tenemos un padre, un hombre con el que aprendimos a amar y odiar, a acertar y errar, un hombre del que somos a la vez un espejo y una negación. Por eso, nos interesan las historias sobre padres o hijos. En cada una de ellas hay un pedazo de la nuestra, y por lo tanto, hay lo que más nos gusta encontrar en los libros: cosas que hemos sentido, pero que un autor supo decir por nosotros.

Philip Roth, por ejemplo, narra en una escena cómo tiene que bañar a su padre, un hombre ya muy mayor. No hace especiales aspavientos ni filigranas para contarla. Simplemente explica lo que pasó. Pero la escena es muy potente por razones inherentes al hecho: el día en que bañas a tu padre es el día en que se invierten los papeles, en que empiezas a actuar tú como su padre. Y también el día en que ya no puede valerse por sí mismo, es decir, cuando ronda la muerte. Por último, es un contacto físico entre dos cuerpos maduros, lo que le da mucha fuerza visual. En un momento, Roth se fija en el pene de su padre, y lo encuentra robusto, bien proporcionado, en mejor estado que el resto de su cuerpo. Es el pene que su madre disfrutó, reflexiona. Es el pene del que él mismo, Philip Roth –o al menos parte de él– salió al mundo. Muerte, sexo, amor, nacimiento, madurez, paternidad, vejez, melancolía ¿Es posible convocar más temas alrededor de una escena cotidiana?

Con la misma precisión quirúrgica, Marcos Giralt describe la rivalidad entre él mismo y la segunda mujer de su padre, a lo largo de años en que compitieron por él. O Amis describe la agonía del suyo. Lo que se necesita para contar estas historias no es en realidad técnica, sino valor. No es fácil exponer los sentimientos propios, especialmente el dolor. Uno corre el riesgo de exagerar hasta lo ridículo, o todo lo contrario, de descubrir que sus grandes problemas sólo producen indiferencia.

Por lo general, además, tenemos versiones de las cosas que nos dejan a nosotros muy bien parados y a los demás, mal. Nuestra ruptura con esa chica se debió a su egoísmo. Nuestro conflicto con aquel amigo fue culpa de él. Un padre, no obstante, tiene un estatuto afectivo especial. Nos plantea conflictos, pero a la vez, es alguien a quien queremos comprender, porque forma parte de nosotros mismos. No podemos *sólo* odiarlo, o *sólo* quererlo. A nuestras madres sí tendemos a *sólo* quererlas. Quizá la razón de que proliferen los libros de escritores varones sobre sus padres es que tenemos una imagen demasiado ideal de nuestras madres.

He escrito algunas crónicas sobre mi padre, o sobre mi hijo, para determinadas revistas de periodismo literario. Pero no me he atrevido a escribir un libro nunca. Creo que este tipo de historias, precisamente porque pueden ser las más profundas y auténticas de un autor, también son las más difíciles de escribir. Porque si escribes sobre un personaje de las noticias o de la historia nacional, y a él no le gusta, te bastará con demostrar que has actuado profesionalmente: que no te inventaste lo que cuentas. Puedes citar libros o testigos en tu defensa, y se te permite cierto grado de suposición razonable, siempre que admitas que es una suposición.

En cambio, si escribes sobre tu padre, tu madre, tu esposa, o alguien que te ha amado, tu material son las cosas que no ocurrieron para aparecer en un libro, las que pasaron en esa trastienda de la historia pública que llamamos intimidad. Y la mayoría de las veces, esas cosas no se pueden verificar. No es posible contrastar el hecho de que alguien ama a otra persona, aunque actúe como si lo hiciera. Atribuir intenciones a alguien es siempre crear hipótesis, pero en última instancia, nuestra relación con quienes nos rodean se basa en la fe.

Por eso, cuando afirmo que estas historias son las más difíciles, no me refiero a los riesgos legales –que los hay– o personales –que también–, sino al peor riesgo de todos, el de escribir una historia real para descubrir que tu propia vida es una ficción. Escribir sobre sicópatas o genocidas, por comparación, resulta menos comprometido **c**

Wilhelm Lehmbruck

Mesa
revuelta

Wilhelm Lehmbruck
joven sentado
1916 - 1917
Bronce

A. Rodin
1906 - yeso
El pensador

Arturo Carrera y la circularidad de la imagen
Reina María Rodríguez

I

> *«El estadio del espejo; tú eres eso».*
> Roland Barthes

Arturo Carrera (Coronel Pringles, provincia de Buenos Aires, 1948), hace imágenes circulares. Cada libro suyo (por pequeño que sea), nos lleva ante todo a su circularidad. Esa narrativa de la circularidad que se forma del encabalgamiento de sus poemas como si fueran a completar una ronda, una conversación, un relato. Es una imagen medular (el ADN) de su poética. En esta circularidad hay notas, y estas notas saltan o se deletrean; se acercan y se separan, logran la conjunción o el estallido. Desafortunadamente, no tengo todos sus libros que suman más de quince. Podría afirmar que es uno de los poetas vivos que más me interesa, porque siempre que vuelvo sobre él descubro atajos, gradaciones, otros niveles de conciencia; vocecitas que pasan de un registro a otro, sentenciosas, sabias o ligeras. No es una circularidad sólo de traslación, sino también de rotación como hace la tierra alrededor del sol, demostrándonos cómo gira el poeta alrededor de un barrio, una muerte, un objeto, hasta poseerlo.

Carrera es un narrador de sus emociones y experiencias. En el pequeño libro neto, *La construcción del espejo*, se pregunta: «¿Cuál era el sentido de querer construir un espejo en el fondo de la casa de tío Pedro?» Y de la deriva de esta pregunta hacia sí mismo, nos descubre una cana, mil historias, donde el espejo recoge vivencias (memoria, confabulaciones) y es un antídoto… «bastaban un magenta, el cyam celeste/ y después el anaranjado restallante de/ unos bordes incandescentes y unos brumitos/ de oro como miles y miles/ de pequeños soles alineados». E, inmediatamente, «...un límpido bronce que todavía/ no había perdido ninguno de sus fieles/ reflejos...aparecía.»

En esta descripción el espejo toma sus colores para dar trasfondo a la realidad. Y para sentenciar que, «nadie que no fuera mujer podía mirarlo». También, para discutir su imagen a Plotino, a Parmigianino, a Carroll, a Rimbaud, porque el espejo no sólo dejó dentro de sí la realidad, la belleza, sino también el arte, la cultura. Sin dejar de reflejar la creencia: «...para los diosecitos que te miran, oh espejo/ crueles testigos de momentos de la infancia».

Y el primo está pidiendo «un espejo para que todavía mienta»; para poder engañarnos. Pero había un fracaso en su fabricación, «no reflejaba», dice. Y entonces se pregunta, «si ¿había acabado la edad de los espejos?»...Porque, «su azogue sólo tenía catástrofes», hasta que...» todo se detuvo/ y envejecimos».

Hasta llegar a la negación con otra sentencia, «que las palabras ya no son espejos».Y ¿cómo ocurrió esta dicotomía entre las herramientas del lenguaje y la visión? ¿Cómo y con qué sostener esta ruptura? Ruptura cósmica, infinita y humana a la vez, terrestre.

Aparece en la página cuarenta y uno, del poema total que conforma este libro, dividido solo por números, la palabra inventada entre la visión y la palabra: «de tintinobolum». Hasta llegar a un punto de confluencia (y de sentido) donde el poeta y el espejo entroncan, se funden: «A mí, /ese espejo de una fantasía ignota/ el poeta». /«Y eso fui: la ansiedad de unas maneras de reflejar...» Incitándonos a armar una poética del reflejo.

Está aquí toda la poética de Carrera: la imagen de la madre cuando entra en agonía, los corderitos... la granja familiar: «una granja de plomo» encerrada en la realidad del espejo. La imagen de A. C. está contada: es una imagen descrita con anécdotas, parientes, juegos y también símbolos. Domesticidad y trascendencia; delirios, supersticiones, música de todos los días y a la vez, eterna, que pasa de una fase a la otra como pasa el día a la noche, delicadamente, en ciclos.

II

«Antonimia: el estrabismo inquietante...de una operación
circular: algo como un anagrama, una sobreimpresión
invertida...»
Roland Barthes

En *El coco*, otro pequeño libro de Arturo Carrera, donde el poeta quiere trazar un círculo para la fundación de su ciudad, pero no le es posible, porque «para la fundación de la ciudad de Pringles, se trazó un cuadrado...» Y dentro de ese espacio terco, busca nudos, «franjas de indecisión». Los fluidos, los garabatos. Y allí está su barrio: «Y el barrio del Coco está al este, allí, arriba, en el cuadrante superior derecho».

Pasan por este barrio sus personajes y los deseos que los embargan: Cola, Adriana, Guille, caminan las calles «bacheadas». Coco mismo es el barrio y también el personaje, el barrendero, «y las hojas aplastadas». Carrera estira al máximo la distinción entre prosa y poesía cuando intercala diálogos, comentarios; situaciones cotidianas que se separan por números romanos. Todas las voces de su comunidad, la abuela «como una marioneta con los hilos cortados»; las preocupaciones de los paisanos (con las vicisitudes de la miseria y de la vida chiquita). Los disfraces «ellas, de Trillizas de oro, y él, de Pantera rosa». Hace un mosaico, una tira de comics por donde está pasando la vida, y la cita de Deleuze que habla de la crónica moderna, cuando el hombre no viene más como esencia, sino como un accidente hace de colofón.

Es un libro que ensaya sobre la conclusión filosófica sobre la discapacidad de la forma, su sorpresa precaria ante ella. «Tenemos como los cubanos, al lezamesco «ángel de la jiribilla»; el Coco, el Humty Dumpty...la sensación», dice.

El baño de los viejos es una estampa: «...el baño es de piso Pórtland todo alisado...Hoy bañamos a tres, me quedó brillante ese abuelo. La soledad en cada pedacito de un cuerpo, las orejas, un ombligo, unas manchas de hollín porque, la imagen reiterada (y circular) de Arturo es la imagen de la muerte que enfila ya en «En vespertillo de las parcas» y en «Carpe Diem».

Y casi al concluir *El Coco*, que abre y cierra su encuadernación con tiras de muñequitos y donde aparece un e-mail que viene textual y en el texto, un chisme sobre el Coco. Porque el Coco es un mito y su discapacidad, «el sentido de una medida de la discapacidad» es también literaria. La discapacidad es una utilidad más, y los versos están escritos intencionalmente con la misma discapacidad del asunto y de sus personajes.

Cada imagen se vuelve «una historia atestada de historias, otras celdillas en la celdilla, enjambres en enjambres y hiel en la miel», dice. Él solo pide un disfraz eficaz para cambiar el mundo, con un «color raspado». Y ¿cómo podríamos ver un color raspado?»¿Raspado como paredes descascaradas? ¿Cómo durofrío?

Ya hacia el final de *El Coco*, hay una carta dirigida a Marta Madero donde insiste en que este libro que le manda es verso y que el resto es la ternura del Coco. ¡Vaya librito con su envoltura de cartón sellada con hilo turquesa, de una lealtad también redonda!

III

Arturo y yo

Como un panóptico pasan frente a nuestros ojos las escenas de la infancia. «El Dolor y su Moral»; los cuerpos de los niños veloces; las conversaciones y las transgresiones entre cotidianidad y filosofía. La diferencia de hallarse poeta ante el resto, cómo ocurre la transfiguración de ese ser que se manifiesta y cómo lo ven los demás. «Estúpido caballo criollo del lenguaje», rompe la lógica de lo rural y de lo estético para crearnos ese otro caballo artificial en el que él galopa entre diminutivos y acuarelas. «La insistencia de un pánico silvestre/ y los diminutivos/ con que Arturito recorre/ su paciencia…»

No le asustan las asonancias: «carcajada embrujada por la dicha engama los colores». No le asustan las reiteraciones, sino que las usa y convoca a cada momento. Aquellos niños que lo vieron crecer y lo arrinconan, saltan sobre él (el poeta) y lo tienden en lo más profundo, en su terquedad.

Allí está el campo de Arturo (y él) el niño, el poeta: «un espacio donde los niños/ confunden la belleza con la felicidad», nos dice. Sentencia los acontecimientos más intrascendentes y un marcado territorio anti rural se nos presenta. Lo que en *El Coco* fue anécdota y en *El espejo* una mirada o visión, se ha vuelto sentencia en *Arturo y yo* (este libro es anterior a los otros) pero, para el imaginario de un poeta de la memoria, poco importan las cronologías adquiridas por el tiempo real o la edición. Él trabaja siempre con el mismo tiempo circular y fragmentario.

Carrera apunta, cuando se mete con la imagen de ese «yo» suyo en crecimiento y espiral, de la sentencia a la imagen y viceversa, que «este es el duelo por no pertenecer»; «duelo de apartarse dudando del patio de la dicha», mezclando lugares, situaciones concretas, espacios con resignificaciones sentimentales que pueden incluso llegar a ser cursis sin ningún prejuicio.

Las interrogantes abarcan todos sus libros. En este, interroga al niño Arturo –también al poeta y al padre– y nos deja esperando suspendidos, respuestas, «pero cómo... ¿te acordás?» Y los colores que responden son paisajes anaranjados, mujeres anaranjadas, resplandores naranjas, amarillos vibrantes donde viven el recuerdo y la familia, acortando el espacio entre la pregunta, la sin respuesta, y el lugar que ocupan entre los sentimientos lugares, hechos y seres como único razonamiento.

Juego entre la acidez del vómito como esperanza, «la desesperación esperanzada», dice. Juego sacado del miedo a jugar, del «miedo a ser aún más niños...» y él recorta el juego en tiritas de lenguaje, en velocidad, en acrobacias efímeras, lo achica todo hasta convertirlo en versitos, puntitos, fragmentos, adivinanzas. Y la sentencia parte del propio juego, «estamos hechos para soportar el estallido/ de la muerte en la infancia...» y algo después, «la pura monotonía de nuestra enorme desdicha». Las palabras de la nostalgia, las palabras de la suerte, como aquellas del sentido común no le molestan, uniéndolas a otras que rompen con su refracción la carga pesada y al debilitarlas, las envuelve en ritmo, movimiento, tonos, degradándolas de su peso emotivo a un peso de estructura de la propia imagen que conforman.

El campo vuelve a ser un balcón, «el campo como un balcón infinito», dice. La metamorfosis de los objetos: paisajes, colores y brillos, texturas, formas; sus espacios usados sin discriminación y domesticados que se subvierten de símbolos muy personales, a símbolos que empiezan a ser nuestros, como lectores de nuestros propios símbolos, en el «cristalino visor camaleónico/ y el ojillo esmerilado». Se convierten así, en un vitral de Chirico «donde coraban pequeñas imágenes» dice, «las buenísimas encantadas, conductas fuga/ císimas o historialas de la historiola/ del Arte:...»

Y las obras toman el color escarlata (como si la sabiduría fuera un símil de este color sobre los escritorios, las cortinas, los lomos de los libros). Una sabiduría morada, enrojecida, púrpura. Eso lo he visto solo en el cine, en películas de Tarcovsky o de WKW, donde los objetos sienten, y los espacios son pequeños, recortaditos, con tonos pasteles o violetas, demostrándonos que una imagen es concepto.

Dijiste: «debo permanecer siempre/ pequeña». La vuelta a lo pequeño en la imagen, en el espacio y en el uso de las palabras, con los que cierra el poema infinito de la imagen circular y el remate es interrogación pura: :«¿Dónde está?/ El campo» Termina abriéndonos al final ese paisaje reconquistado con la memoria donde lo que contempla no se desvanece y se fuga como color.

IV

El vespertillo de las parcas

En este libro, como el mismo Carrera dice en su prólogo, «quiere lavar...la idea de muerte que los poetas le atribuyeron a las Parcas.» Busca, con el señalamiento del dedo índice, a las mujeres de la infancia y tras ellas, aparecen las abuelas de la poesía precolombina. En Carrera la familia, sus mujeres, la paternidad, los niños como él ha dicho, son sus personajes. «Dos niñas en la arena del mar/ construyen su propio circo mínimo...»

Qué lo une a esas misteriosas mujeres, se pregunta. En este libro, los colores además de pintar, huelen: ámbar, miel, azúcar amarilla, caramelo: «Un caramelo a cambio: ¡potlatch!», grita. Es un dolor dulce, donde va, «aquella dicha contenida como en su sobre/el dolor». El color remata en el sentimiento (como nos dice

Paul Klee en sus apuntes), y atraviesa el sentido doloroso de la imagen sinestésica por una alegría enturbiada, olorosa, amarga a veces. Atraviesa límites, se corta, y se acerca a lo más antipoético: «Y ella fríe en su cocina de juguete a leña/ mis croquetas de papas». Lo doméstico es una intención permanente suya; un deseo de vivir en el hogar de su infancia junto a las cacerolas, los barnices, el olor a nata.

«El exilio es también quedarse», dice. Él está exiliado en su infancia, en sus pérdidas, contra la velocidad de las fotos polaroid que usa para interrumpirse, para captar lo verdadero de la materia: fruta, mazapanes, almendras, leche, mandarinas, siempre el objeto deseado, querido. Reclamando, «el flash de una ciega, insospechada eternidad».

«Soñamos y soñamos con una forma que ve enrareciendo nuestro destino». Y esa forma cuaja en un mantel, un almohadón; a la hora de la siesta, en «una sábana, / donde bordó tus iniciales». Arturo siempre está construyendo la imagen (geográfica, mental) como un mapa a donde hay que regresar, al «...hule de la poesía sobre la mesa como un mapa».

Las voces de Laquesis, Átropos y Cloto son las que narran la historia de la muerte de su madre y ellas ven, sospechan, murmuran, cómo era él de niño desde esa retrospectiva donde están sentadas, la comprensión y la conciencia, hasta el tiempo en que no comprendía nada de sí mismo. También las cartas del padre a la esposa se vuelven textos. ¿Por qué las usa? Él responde, «su rompecabezas dichoso, / con su deseos parecido a la «sintaxis»... ¿La sangre es borde de la letra, la letra borde de la forma, el forraje envoltura del dolor/ como la impotencia...?»

De la anécdota de la muerte de la madre ya en agonía, hace una permanencia con el tema que se vuelve su constante. Uno se conmueve y asusta, porque Carrera recoge lo cotidiano e intrascendente en el morir de un día cualquiera, dejándonos como la muerte: desprevenidos. Imágenes de la muerte y la boda del poema siguiente «Mocitas farfullan» son contrapartidas de una misma naturaleza, donde un cake se vislumbra con todo su esplendor convirtiéndose también en alegoría, en caja mortuoria; en kisch predeterminado de los dos primeros versos: «La cabecita de una novia de azúcar/ en la más alta Torta de Bodas». Recoge la impresión de la ceremonia a través del olor, sabor, dulce, ilusión, sin temerle a la frase preposicional «novia de azúcar» ni al diminutivo «cabecita».

La ceremonia le sirve de ritual y contra metáfora para la desacralización. Ya en la boda de la madre, en la bombonera «con sus dones misteriosos»/ y sus potlachs», estaba rondando la muerte que tocaría diez y siete meses después. Está el detalle del vestido bordado, las flores, la foto en blanco y negro. La idea de sepultarla con el vestido de novia fue del padre y se cuenta la novia en la caja maquillada por otras mujeres, «infinitamente manipulables y plegables/hasta después de muertas.» De lo particular, su madre, la ceremonia del matrimonio y la muerte, él pasa a la idea general de aquellas mujeres metidas en sus trajes de novia o en las cajas, manipuladas hasta después de morir.

Hasta los puntos de un bordado pasan ante nuestros ojos «los diferentes tipos de tejidos… el realce, el gran milán, el punto sombra». Estos puntos anuncian la sucesión del tiempo que avanza o retrocede cuando se pierde la luz. No se usan los adverbios de tiempo ni las metáforas de las estaciones, sino un contar sin números a través del propio hilo y del tejido como si fueran pasos. Y el espejito se vuelve vacilante y la vida imprecisa.

Hay dos poemas claves sobre la imagen de ella (la madre) una embarazada: «Ella sostiene un cestito de plástico verde/ colmado de frutillas…». Es casi un retrato, podemos ver sus bordes, y tocarlos. El otro se llama «Ella», cocinando la leche, riendo, sumergida en tareas domésticas, uno la oye pasar, la ve, es «la madre», se individualiza en cada minucia pero, a la vez, se agiganta convirtiéndose en la madre total.

¿Qué es un vespertillo? ¿Un insecto, un sonido, un dolor? Y cada mes anuncia y trae su vespertillo a cuesta «la luz, el dolor, el deseo». Los tópicos de este libro son conversaciones para aliviar el, cómo se espera la muerte. Pero, mientras tanto, «los amores amarillos/ no sabemos qué impregnan». Y pasan las horas, las páginas y se hace un paisaje «dibujable» con las estrofas que el atardecer o la mañana pintan. Él sentencia: «paisaje como una reflexión inexperta/ donde a veces un estilo/ busca definirse. «Y está siempre, ese paisaje a donde nos lleva, el paisaje como estilo, fundido a la memoria. No es un paisaje suelto, desprendido, usado como adorno o decoración de fondo, sino que el paisaje es el propio recorrido del «yo» que las parcas nos cuentan. Paisaje imperturbable frente a la muerte, porque la muerte lo contiene, es parte suya, es su negociación también.

Cuando el anaranjado vuelve a ser obsesión y sustantivo (personaje, lugar, voz, si está «furioso y alentador»), las frases se cortan, «mira este bordecito/ ¿Hay contornos en las palabra?, nos pregunta. Allá vamos, a definir un borde, un abismo, una añoranza ante «la sencillez/ del final» ¿Lo armamos de veras? Solo cuando el poeta ha llegado a esta circularidad que es el destino y ha hecho el recorrido por los contornos, lo arma todo, lo devuelve recreado, reverdecido, artificio (aunque no lo crea) y diga que «¡parece mentira!» y termine así otro libro.

V

«*Tengo en el culo un monedero/ lleno de monedas*»
A.C.

Carrera escribe *Potlatch* después de los poemas a todos sus parientes, tratando (como él magistralmente explica en su prólogo a este libro), de hallar el pegapega del dinero, la juntura; el pegapega que resulta ser el dinero en sí mismo, como objeto, como intercambio, cuando no era más que «un eco de un valor que pudo llamarse música». Y la poesía, como sinónimo de consumo, ya que es creación por medio de la pérdida, una irrefrenable destrucción: el poema.

Estos poemas comienzan siendo canciones rotas de los niños, nanas y están fechados en Pringles del 1954, sobre el final de cada uno aparece un remate donde se hace alusión a Evita, a Perón, dándoles un basamento político de la época, sosteniendo su existencia doméstica con ideología. Pero, la propuesta de *Potlatch*, «consiste en encontrar/ en esta foto/ el cuerpo que en el deseo había perdido/ el hilo de las sensaciones» –nos dice en «Cara».

Las descripciones de las monedas con sus detalles, épocas, usos, su fibra, el peso, el níquel; la gráfila. «Los primeros acuñadores fueron poetas», afirma en «Data». Hasta una hostia es una moneda, el intercambio de sentido, la transacción. Y de nuevo, la imagen de la madre (Ella) entre otras novias de los viernes; ella entre las otras mujeres, convertida en «algo que duele todavía»: en búsqueda. Carrera procura sobornar la sensación y abrir una alcancía por donde salen murmullos, cuentas, dolores, sitios, intercambios de objetos, ronroneos, «lápices machos», monedas, amarillos, balbuceos…

Hay una leche siempre hirviendo (leche como madre, como decoro) que es central, imprescindible como opinión. Una leche siempre a punto de derramarse y huele; leche que viene ya, de otros libros anteriores. Es también la mañana, el hogar, la familia, el tiempo, y siempre está cuajando (pero no lo logra por el desfazaje entre el deseo y lo que se puede) y en su nata veo imágenes, como si fuera también un espejo donde se refleja el miedo, un mapa del miedo. Esa nata es una bola de cristal, en fin, el mapa de Arturo, que ha tenido la paciencia de reconstruir su infancia para hacerla nuestra y echar dentro de ella un secreto: el ratón que trae el dinero, un billete verde de cincuenta pesos. «Para mí, dice, el ratón siguió existiendo…Incluso después del ratón guardaba mis dientes en una cajita aterciopelada…»

El tesoro que nos da es el mismo que tenemos sin haberlo visto antes, porque es un tesoro común que redescubrimos por su imagen que parece nueva, única, y se hace secreto verdadero cuando se activa y la reconocemos. Él nos enseña a reconocer, a reescribir. ¿Cómo fue que no pensamos antes en ella? ¿En ese ratón como resultado del dinero que guardábamos de niños en una alcancía? Arturo Carrera tiene plusvalía suficiente. El potlatch es el trueque del diente-dolor-desgarramiento (el ratón intermediario en la fábula, personaje de cuento o canción infantil, duendecillo) luego, recambio en monedas que se echan en una alcancía (el libro, el poema) otra alcancía-obsesión por no dejar nada al olvido, regado.

El papel moneda es ya –como apunta Barthes en su texto de los *Ensayos críticos*, «Querer nos quema»: «una primera espiritualización del oro; su valor es su último estado impalpable: a la humanidad-metal/ la de los usureros y los avaros, va a suceder la humanidad-valor (las de los faiseurs), que hacen algo con el vacío». Carrera es un *faiseurs* que aspira a encontrar «el oro que no lo es», por eso su trabajo es el del verdadero alquimista (como Barthes habla del Mercadet de Balzac), así podemos hablar de Arturo Carrera. Es, «una conciencia semiológica» que ve el signo en sus tres aspectos.

Primero, siguiendo el esquema barthiano, el signo en su función geológica sostenida por una multiplicidad de relaciones muy profundas; pero va más allá de los caracteres planos y analógicos que unen un significante a su significado, para hallar (o llegar) al paradigma, usando todas las relaciones posibles, logrando una conciencia estructural no solo por su profundidad, sino en toda su perspectiva y libertad; una imaginación «estemmática», «la de un ensamblamiento de partes móviles, sustitutivas, cuya combinación produce sentido...»

Uno siente infinita gratitud por estas imágenes-anécdotas que le entregan de nuevo una infancia perdida, multiplicándola, con edulcoraciones, para poder «gozar lo que está fuera de precio», dice en «Moneda viviente». Las monedas y los colores que cuentan ya tampoco existen, como esas monedas de las que una se tragó de verdad –según nos cuenta en «Data»– y tuvo que echar después. Igual sigue echando colores y monedas por aquí, por allá y figuritas. Porque había «billetes numerados/ con «números» y con «sensaciones». Todo lo que Arturo Carrera toca se vuelve sensación, saca palomas y pañuelos de cuánto nos ocurre como un mago.

Las «datas» son prosas, y en ellas aparecen las alcancías. Sencillas, de lata, con una ranura en la tapa y luego, fueron sustituidas por un «chanchito de porcelana, de los viejos chanchitos». O, la alcancía de plástico que era un buzón colorado, usando así, una materia como diría Barthes «¡más mágica que la vida!, el plástico «que es una sustancia doméstica...enteramente absorbido por el uso...el mundo entero puede ser plastificado». Mientras «ellos actúan/ dice, nosotros imaginamos» y de eso se trata, de remover la osteosporosis de la palabra raptada en su recuerdo, esa fisura dolorosa de la palabra con sus protuberancias. Extraerla de allí, ponerla en movimiento (como si fueran láminas), atrapando cada instante, subvirtiendo las jerarquías concebidas, el orden. Aunque la moneda como objeto agazape al dinero como tema, en estas historias de Potlatch, Arturo las toma como pretextos para revivir sus historias personales. «Y la naturaleza –asegura– conoce mis monedas...»

En «Trueque» dice, «¡Este balbuceo es mi derrota!...Por qué busco imprimir en el dinero/ la sensación, la inexistente, el ángel de la moneda» Él busca la moneda no vista aún, el eco del dinero y es un «títere de la moneda» quien le da al niño una (no él), porque le da pavor entregarle una mentira así, al mundo, al niño, a su propia infancia. Porque sabe, que «cada palabra que se estropeó/ se ovilla en el olvido de su mínima verdad» y esa es su usura.

En *Potlatch* hay diálogos, escenas de teatro, puentecitos, imágenes simbólicas, alegóricas; todo un muestrario de descripciones y el tema no se ahoga nunca, sino que vuelve a la circunstancia iniciada por él en otros libros. Como en una clase de economía nos dice lo que costamos y desconocemos muchas veces como precio.

VI

Carpe Diem es el último libro que conozco de Arturo Carrera y en él, Arturo ha tratado de «recortar velozmente» las imágenes y profundizar en ellas dando picotazos. Está dividido en el Carpe Diem de la pesca y el Carpe Diem del Arcoiris. En su epílogo César Aira habla sobre el haikú, de Michaux como el maestro de Carrera y de su «persistente militancia antibarroca: comparando su proceso poético con el de una balada galesa llegada a Pringles.

En *Carpe Diem*» se va descubriendo la pesca, el agua quieta y echa «el grave olvido instantáneo como anzuelo». Pesca peces, tropismos, interrogaciones y sus separaciones visuales (blancos entre un fragmento y otro), provocan alternancias y también movimientos entre un párrafo y otro, donde él discursea pintando «avecillas oscuras a través/ de la bruma» que son letras, sonidos. Porque la columna central en *Carpe Diem* es el ritmo que provoca una velocidad sostenida donde la pausa hace del paisaje, una quietud. Sentimos el tiempo en esos relojes detenidos (ya no hay anécdotas, tías, parientes, recuerditos), porque todo ha sido nombrado. Tampoco hay sentencias, sino que la poesía y el misterio (que es su secreto), se funden, porque «el sentido reverbera». Y es como un cuadro impresionista lleno de pinceladas y de luz que no podemos descuartizar ni separar del fondo de su materia quebrada, hechas añicos.

Carpe Diem es un libro hecho para exaltar al día: tocarlo, descomponerlo, volverlo a manosear, disfrutarlo antes de perderlo. Si en «Arturo y yo» él era el hijo y padre, aquí es donde ocurre «el entierro del padre al lado de un castillo». Es toda una conversación con su hijo (él se vuelve el otro casi siempre), y toda esa conversación en un día de pesca, tiene como único propósito admirar un arcoiris, como «el único espectáculo teatral» y de la cultura (que solo trae epilepsia, vértigos, caída de un campanario, de una muchacha). Se habla de una trampa, de un hecho cuantitativo que nos extravía de «la relación de amistad».

«Solo en sueños comparto con los muertos/ esa vida vencida más locuaz que la poesía» Y, en un poema a José Lezama Lima «adolescente, Rurós, abuelito...llevarlo en andas dormido». Lezama ha sido usado por Carrera, al convertir aquel tiempo suyo, en el tiempo de nuestro presente. «No lo olvides, todo brilla, imantado y /oscuro, el mundo es un poco de nuestro arte/ en mirar esto...» Así, su parentesco con Lezama Lima es: «una suave adherencia ajena a la felicidad».

VII

Escrito con un nictógrafo es el último libro suyo al que me referiré y el primero que publica. Fue escrito en 1972 y trae, en la edición que él me envió y supongo que es la única (de «Interzona»), un disco con los textos grabados en la voz de Alejandra Pizarni. Presentó este libro en el Centro de Arte y Comunicaciones de Buenos Aires. Libro de vanguardia por su estructura «ni negro sobre blanco, dice Severo Sarduy en su prólogo, ni blanco sobre negro», su caligrafía está rota por tachaduras y la primera cita que aparece es de la teórica húngara Julia Kristeva presagiando ya, el peso de la teoría estructuralista en su composición.

En la página negra «el escriba ha desaparecido» y el poema comienza con tachaduras en líneas y letras blancas. El tema: la orfandad con la que el cuerpo y el poema se abren al vacío. «Yo hablo escribiendo/ no marco ningún lugar/ no puedo volver ya más/ a ningún lugar» y los fragmentos se conjugan con textos sagrados de los antiguos fundadores. «La muerte es ventrílocua/

esto es una experiencia de ventriloquia». O sea, el libro, como una caja negra es también ventrílocuo. Juego de palabras tachadas «tacto, contacto…fragmentos reunidos por mis fragmentos…» y sigue así sin temer a las asonancias: «izado, ido, atropellado/ por fragmentos…hay/ con todos los sentidos/ en todos los sentidos/ sentidos que rehúsan su sentido».

Escrito con un nictógrafo ocurre más en el silencio del fondo de una caja negra (la página) que en su relieve (la palabra). «…escribiendo en lo oscuro, a ciegas, dice, en las hendiduras de una caja cúbica…planos que informan». El sujeto ha sido neutralizado y es página, letra, color, los protagonistas de esta ópera prima de su presentación en el juego de la escritura. La búsqueda de «la tinta» como noche; «el pánico de «las vastas superficies blancas». Es un Mondrián: un cuerpo pictórico antes que un cuerpo literario. La literatura sufre ajustes a lo visual y la orfandad es «muda constante». Orfandad que develará en cada uno de sus libros, de a poco, pellejo y cáscara de todo lo que encuentra, su centro y su redención.

«Como esa tribu melanesia que a cada muerte suprime varias palabras del léxico, quise suprimir…ciertos fragmentos». La muerte tachadora, supresora, redime al poema en su caja cúbica al «fin y principio del lenguaje» y confiesa que alguien lo alienta: Barthes. En este caso de, *Escrito con un nictógrafo*, el poema se rompe como espejo fracturado en mil partes de las que sobresalen con filo unos desprendimientos que dan luz. Estos desprendimientos (astillas) han «teatralizado el lenguaje»; lo han manipulado para lograr una afectación que no es descriptiva ni simbólica, sino repetitiva en fijaciones dolorosas (creo que la muerte de la madre y de la abuela abrió esta caja de dolor contenido). Él comenzó concentrado, circular y de allí, se derramaron secretos de una imagen minuciosa, familiar, literaturizada hasta el extremo.

Estas «continuidades y rodeos» provienen también de la idea barthiana de «asumir plenamente el privilegio de lo personal» y de lograr «una escritura esquiva, que desea ser menor» a toda costa. Y ¿qué entendemos por literatura menor? Carrera ha querido demostrarnos que el lenguaje no es solo el instrumento de un pensamiento, de una interioridad, sino que trata a toda costa, de hallar esa materialidad de la escritura, «la significancia –como también quería Barthes– como lugar de una insignificancia» C

Arcoiris en Sacatepéquez

Miguel Huezo Mixco

Un camionero maneja por la carretera pensando en su novia Teresa, una chica de Avellaneda con la que sueña tener un hijo... Es una canción de Facundo Cabral, asesinado a tiros en Guatemala la madrugada del 9 de julio de 2011. Es extraño: la letra se me viene pero no consigo entonar la melodía. ¿No les ha pasado alguna vez? La verdad, nunca me gustaron la música, ni el estilo de Cabral, pero me parece horrible que ese buen hombre, que ayudó a tanta gente a no cargar con su basura interior, haya venido a morir a Centroamérica.

Lo miré una vez en la universidad jesuita donde yo estudiaba: barbado y recubierto con un poncho colorido. En los años 70 ya era una leyenda. Era inevitable escuchar sus canciones en la radio, en las tertulias e inclusive en los mítines políticos, en aquella época violenta. A mí siempre me pareció un «casaca», un «pajerazo», como llamamos en El Salvador a los buenos para echar rollo. Sus frases, del tipo «pobrecito mi patrón, piensa que el pobre soy yo», hechas como para estamparse en una playera, les gustaban mucho a las estudiantes de Letras. Aquellas novias de entonces siguieron siendo sus «fans» hasta nuestros días. Es como si el mundo no hubiera cambiado.

Llegaron los años 80 y en Centroamérica las cosas iban para peor. Le metimos sangre, balas, canto. Vinieron los 90, se firmó la paz en El Salvador y Guatemala, y la cosa tampoco se componía. Cuando menos lo pensábamos comenzó el nuevo siglo. Se acabaron las dictaduras militares pero surgieron nuevos poderes tenebrosos.

En los últimos años, los homicidios ocasionados por la violencia asociada con las pandillas y el narcotráfico les han pasado a nuestros países una factura similar o peor a la de la guerra civil. En las zonas urbanas más excluidas de El Salvador, las «maras» o pandillas han instaurado un régimen de terror. A causa de sus rivalidades y el control del narcomenudeo, los periódicos todos los días vienen impregnados con la sangre de al menos una docena de jóvenes. Diputados, jueces, empresarios, dirigentes deportivos, policías y oficiales del ejército han sucumbido a la seducción del narcodinero. La delincuencia se ha convertido en un fenómeno de masas. Los cuerpos de seguridad capturan diariamente a un promedio de 176 presuntos delincuentes acusados de robos, asaltos y homicidios. Esto equivale al cálculo más aceptado sobre la cantidad de salvadoreños que emigran diariamente a Estados Unidos. Así, emigrar y delinquir son algunas de nuestras opciones favoritas. Cuando no vemos salida los salvadoreños miramos a Guatemala. Guate-mala. Guate-peor. El país de la eterna primavera es el paraíso de los narcos.

No lo decimos de mala fe. Los salvadoreños adoramos a Guatemala. En vacaciones, inundamos sus hoteles y centros comerciales, vamos en carro, bus o avión, a Tikal —la más grande de las antiguas ciudades mayas—, al ojo mágico de Panajachel y, sobre todo, a Antigua, detenida en el tiempo, donde los adinerados celebran sus bodas bajo una mirada de cuatrocientos años de historia. Visitar Guatemala ha sido un rito de paso. Como millares de niños guanacos, mi primer viaje en familia al extranjero fue a Ciudad de Guatemala. Mi primera escapada, con novia y amigos, y sin dinero, al Petén.

Luego, tuve una loca historia en Guatemala. Viví allá, gracias a una beca, entre 2000 y 2001. Cada dos semanas cruzaba la frontera, viajando entre Antigua Guatemala y San Salvador. Los continuos asaltos a vehículos con turistas salvadoreños habían convertido la zona fronteriza en una pesadilla. Manejaba un Chevy pequeñito y poco llamativo. Pero las terribles historias sobre los asaltos a mano armada ocurridos en plena carretera, en el lado chapín, que comencé escuchando como rumores, y luego en boca de conocidos y amigos, indicaban que los malhechores no discriminaban ninguna clase de vehículo. Además, era obvio que actuaban en complicidad con las autoridades.

Pero yo no tenía remedio. Necesitaba ir y venir, dividido entre dos o tres amores. Miraba mi vida como un desastre. Como parte de mi errancia viajaba con cierta frecuencia a Palín, en el municipio de Escuintla a mirar a un indio viejo, sabio, muy anciano y agobiado por la diabetes, de la etnia pocoman, llamado Julián. Me estaba haciendo una «limpia». Mi mundo se caía en pedazos y los güishtes se me clavaban a cada paso que daba. Yo vivía en una pequeña cabaña en las faldas del volcán de Agua. Mis paseos por el mundo de Julián convocaron visitas misteriosas. Estaba asustado. Julián me tranquilizaba: «Es Dieguito», me decía, burlón. Tenía como norma jamás nombrar al Demonio por su nombre. Y le llamaba así: Dieguito. La idea que tenía Julián del Enemigo era muy distinta de la mía. «Habla con tus espíritus, patojo», me decía. «Construye tu altar». Intensos días bajo el arcoiris de Sacatepéquez. Los atracadores de la frontera no eran mi principal preocupación. Quien me emboscaba era el destino. De hecho, el día que decidí mudarme de regreso, en El Salvador ocurrió un terremoto. Me tomó años salir de la resaca. Seguí viajando a Guatemala, cada vez menos, y menos. Ya no vi a Julián. Tenía miedo. Un miedo que no había conocido. Un miedo distinto al miedo a la muerte. «Yo conducía un pequeño Chevy negro por la carretera», dice la canción...

De entonces para acá, para nuestros países todo ha ido a peor. En febrero de 2007, tres diputados salvadoreños del Parlamento Centroamericano y su motorista fueron interceptados y sacados de la carretera, y luego ejecutados e incinerados. Días más tarde, los policías guatemaltecos acusados del cuádruple homicidio fueron asesinados en la cárcel de máxima seguridad en la que se encontraban detenidos. Nada huele bien en Guatemala. Tampoco el crimen incidental, aquella madrugada de marimbas, de un músico olvidado cuya tragedia fue colarse en la tragedia de Guatemala.

«El diablo se levanta muy temprano/ cansado del confort que lo encadena», tararea Cabral en una radio local donde le han dedicado un homenaje. «Me excita la idea de la muerte», habría dicho, de acuerdo con uno de los locutores que lee fragmentos de textos publicados en páginas web que homenajean a ese hombre, casi ciego, viudo de 74 años, que vivía solitario en una habitación de hotel. Escucho la estación a bordo de mi carro, lejos, muy lejos del arcoris de Sacatepéquez. Los que llaman a la emisora pidiendo canciones son antiguos sublevados que, lo dicen, han perdido la esperanza y a uno de sus profetas. Se los arrancó, otra vez, la diosa Violencia. Dicen que aquel concierto de Guatemala era su despedida. No era la primera vez que se despedía. Parece que siempre la pasión o la guita lo convencían de volver al escenario. Un oscuro promotor artístico y propietario de antros lo obligó, sin saberlo, a cumplir la promesa. Ese fue el último viaje de Cabral, desde el olvido a la mala memoria centroamericana ©

Creación

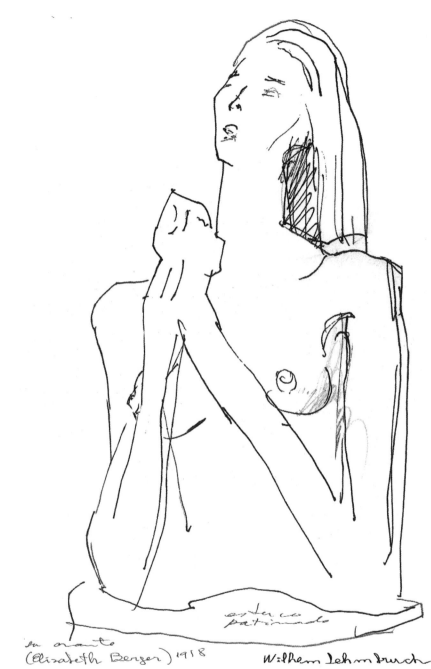

la orante
(Elisabeth Berger) 1918

astuce
patinado

Wilhelm Lehmbruck

Tres poemas
Leopoldo María Panero

I

La orina en el rostro y la lluvia cayendo sobre mí
Dibujan la silueta oscura de la vida
en que un niño escupe sobre mí.
Y el río pardo sigue su camino ignorándome a mí
Y a mi rostro.
Y un pájaro vuela sobre la nada y el mundo está en llamas.
Y el pájaro sigue volando lentamente sobre las ruinas.
Sobre el deastre de la vida en que solloza un viejo.

II

Hay un ánfora rota en mi cráneo
y en mis pies bailan los peces
atrozmente blancos del sueño
en que la pesadilla de la vida sigue
flotando entorno a mí y
un niño grita sobre el poema y
la página escupe contra mí.
Y los niños corren entorno a mí gritando:
«Scardanelli, Scardanelli y la página
sigue como un pus.
Porque la única conciencia posible de la vida, Hegel lo dijo.
Es conciencia del mal de la vida
que es un viejo llorando sobre la página.

III

Hay un río de alcohol contra el silencio y
sólo el alcohol sabe de la vida
sólo él conoce el rostro oscuro de mi alma
en el que inútilmente bailan los peces sin sollozar jamás
temiendo sólo a la vida, temiendo solo
al dolor oscuro de mi alma y
el verso dibuja la masacre. Y ya
no lloro, sino escupo como si fuera
mi casa la ceniza y los niños se ríen de
mi alma como si el mundo estuviera
hecho de cenizas y la vida fuera un animal oscuro
un animal de fondo, lo dijo Juan Ramón.
Y el sufrir sin dolor como una encina en el verso,
como el dolor de un alma en pena que gime
inútilmente para que nazca el verso
como una encina contra el verso,
como el dolor de un alma
en pena que solloza sin sollozar jamás.
Como una herida sin alma, como una herida,
como una herida en la piel que nunca solloza:
la luz que nunca sufre, Salinas lo dijo.
la luz que escupe sobre el mundo.
y el mundo que tiembla como un pájaro en mis manos
volando sobre la ruina.

Adiós

Irene Zoé Alameda

Abrir los ojos a una urgente noche inesperada. Sin aire, con visión nocturna desde una claridad perentoria: viñas, tierra, viñas.

Incluso hay ruidos en un fluir remanente de hábito agazapado en el interior de la cabeza.

«Me llamo Yani. Creo que me oigo decir: Me llamo Yani».

A la entrada de la casa hay una luz.

La envergadura de incorporarse y echar a andar, avanzar, echarse a andar entre las viñas. Porque las viñas están secas y los pies están descalzos pero hay avance. Extrañeza.

Camisa de Padre y pantalón zurcido con un largo nuevo. Y chaqueta de traje claro superpuesto a la camisa. Hay ruidos pero no emiten sonido.

«¿Llevo la ropa dominical de Padre? ¿Es o no hoy domingo?»

Y un pato migratorio surca el cielo aunque es de noche y vuela solo.

«Lisabeta debería estar conmigo y ver el pato.»

Lo reventaría con la bala al pasar por encima de las cabezas y luego correría en desbandada para que no le alcanzasen las plumas y la sangre.

«¡Y te tropezarías con las viñas, Lisabeta.»

Girar y encontrar.

«Hay una nueva luz cerca de casa.»

Las viñas entre las que he despertado.

«Un mal sueño sin pena. Un descanso sin sueños. El aire está tan hueco como el pato sin plumas después de la bala, Lisabeta. Elisabeta ¿por qué quieres ser soldado?»

Y ella diría:

«¡Ay, Yani: porque quiero ser como tú.»

Padre y la Abuela hablan de ti en la cocina,

«Elisabeta. ¿Dónde te has metido? ¿Por qué no estás tú con ellos?»

Girar. Las viñas entre las que he despertado.

«No deberías coger mi escopeta, en primer lugar porque es mía e hice un juramento. Y además»

disparar es peligroso si no sabes acertar

«en el blanco, Elisabeta».

Hay ruidos pero mi cabeza no los oye: como en un sueño sin ruidos en el que

«sé lo que suena y está seca, bajo mis pies, la arena. Y estoy»

descalzo. Abuela –luz– Padre. Hay una luz nueva a la entrada de la casa.

«¡Padre!»

Concentrado. Encogido.

«¿Por qué llevo tu traje?»

Están en la cocina.
Un sueño sin sueño. Un descanso sin penas.

«¿Estás enfermo, Padre?»

Sin interrupciones; hablan Padre y Abuela:
– *Siete años sin señales. Siete. Hasta de Elisabeta se ha despedido: ella lo ha soñado.*
– *Eso dice la chica.*
– *¿Para qué iba a mentir?*
– *Porque se lo inventa. No miente.*
– *En el sueño él estaba de espaldas y ella lo seguía. Disparaban a los patos. Y la cara de él la rehuía.*
– *Eso no me lo había dicho.*
– *Hace siete años que no habla contigo.*
– *Porque todo es su culpa.*
– *¿Él volverá?*
– *No.*
– *… y yo no puedo ir a buscarlo y traerlo…*
– *¿De dónde? Él está aquí.*
– *¿Aquí mismo?*
– *Sí, pero el tiempo ya no es el mismo.*
– *¿Por qué no se ha despedido de mí? Siete años, Madre.*
– *Siete años. Pero es peor la vida de la chica.*
– *¿Te gustaba más antes?*
– *No me gusta ahora.*
– *Ella es joven.*
– *Ya no: le han pasado siete años.*
– *Y a mí.*

«¡Padre, no escuches a la abuela! ¿Por qué estás tan viejo? Ya no nos parecemos.»

– *Daría todo lo que soy porque él recuperara la vida.*
– *No tientes a la suerte. Sé amable contigo; ponte a resguardo de tus malos deseos. Hoy se cumplen siete años.*

– *¡Yo solo quiero volver a ver a mi hijo!*
– *Deberías echarte al mar con Lisabeta.*
– *No puedo abandonar las viñas. ¿Y si vuelve?*
– *¿A la vida?*
– *A buscarme, y no me encuentra.*
– *Ponte a resguardo, hijo mío.*
– *Solo son supersticiones; las crees porque eres vieja.*
– *¿Tú quieres volver a ver a tu hijo?*
– *¿No querrías tú verme?*
– *Los deseos son alas de mariposas a principios de enero.*
– *Daría la vida por volver a verle. Esta secuencia inversa es una transgresión. Ya no crecen las viñas.*
– *¡Pues viviremos sin viñas! Yo soy tu madre. Yo no cambiaría tu dolor por el mío.*
– *¡Ayúdame Madre! ¿No ves que mi vida se paró hace 7 años y aunque estoy vivo no respiro?*
– *¡No me des a elegir! Yo no quiero cambiar los accidentes. Si fueras su madre, tal vez me entenderías. Solo sufro porque es tu hijo; solo tú me importas.*
– *Si me indicaran el camino para ir a buscarle, si me dijeran que está, y dónde está, encontraría el camino para ir a buscarle. Lo encontraría, y lo traería conmigo.*
– *Todo es culpa de tu hija.*

«¿Por qué no hablas ya con Lisabeta? ¿Qué te ha hecho mi hermana, Abuela?»

No sé si respiro, aunque no me falta el aire. Cuándo me puse el traje claro de Padre…

«Padre, estás tan viejo.»

Luces en el recodo de la carretera, junto al poste del teléfono.
Inmunidad al viento tórrido, el calor ha deshojado los campos de margaritas, ya no queda primavera. Azul pajizo de la noche, y el calor no me llega entre las viñas.

«¿Cuándo me he puesto tu chaqueta clara, Padre?»

El poste raído, sin carteles. Ningún pato surca el cielo.

El viento no me empuja aunque no oigo que crujan los troncos de los árboles y el poste sin teléfono. El viento enjuto que no trae olores que tal vez no me llegan.

«¿Dónde estás, Elisabeta? ¿Por qué no estás conmigo?»

Has cerrado mi ventana, hay menos viñas.

– *Desprecio la soberbia de la chica. La odio.*
– *Ella quería ser como él.*
– *En vez de ser como nosotras.*
– *Ahora el tiempo no es igual.*
– *Ella era una chica: nosotras no disparamos.*
– *Quería hacer lo mismo que su hermano. Yo la he perdonado, ella es lo único que me queda.*
– *Me tienes a mí. Pero soy vieja.*
– *Han pasado siete años y no se ha despedido.*
– *Esta noche acudirá.*
– *No te creo, Madre.*
– *Acudirá.*
– *Intentaré retenerle…*
– *Déjale irse.*
– *… lo intentaré.*
– *Los hombres solo sabéis quitar las vidas. Nosotras las damos; menos tu hija.*
– *¿Hay algo que pueda hacer?*
– *Pregúntale a tu hija.*
– *Ella solo quería aprender a disparar la escopeta de su hermano, quería ser como él.*

«El tiempo no es el mismo, Abuela. Deja en paz a Lisabeta. Yo voy a enseñarle a disparar y pasará las pruebas para ser soldado. Nos iremos.»

– *Elisabeta quería irse con él y convencerlo de que no volvieran a la isla.*
– *Yo también quería irme.*

– *¿Y POR QUÉ NO TE HAS MARCHADO?*
– *Por si vuelve, para que me encuentre.*
– *Ahora es ella la que no quiere irse, quiere convertirse en una piedra de la isla.*
– *La has martirizado.*
– *Desearía perderla de vista. Y tenerte aquí, conmigo.*
– *Jugaban a disparar patos.*
– *Las mujeres no tocamos las armas.*
– *Fue un accidente y ella es tu nieta.*
– *A mí ella no me importa porque no la he parido. Si tú fueses su madre, tal vez lo entenderías.*

Inmutable Abuela, terca Abuela. El viento sopla y no me trae arenas a los ojos:

«Estoy de suerte esta noche.»

Tampoco se me enredan las zarzas entre las uñas de los pies:

«Estoy de suerte esta noche.»

Una luz nueva a la entrada de casa. Una réplica en barro marmoleado de la casa, una pequeña Iglesia, la *ÅêêëçóÜêê*.

«¿Quién ha metido una vela dentro?»

Y ninguna mano abre la iglesia de juguete pero de ella surge ninguna imagen.

– *¡El viento ha abierto la puerta de la åêêëçóÜêê! ¡Va a apagar la vela de la åêêëçóÜêê!*
– *Nunca se ha apagado la vela.*
– *Acaba de arrastrar la foto; la ha lanzado por los aires.*
– *Entonces debo ir a acostarme.*
– *No lo hagas, ¡quédate conmigo!*
– *Ya me he vestido para acostarme. Hoy se cumplen siete años.*
– *Quédate conmigo.*
– *No quiero vivir si mi hijo no está vivo.*

«¡No la escuches, Padre!»

– *Quédate conmigo.*
– *Daría mi vida porque mi hijo estuviera vivo.*

No mirar, no mirar

«mi foto.»

O mirar y rechazar intuitivamente la certeza, alejarla con el rechazo físico de las supuestas manos:

«Quiero estar vivo.»

Ya sin altar, libre
mi foto.

«¡NO! ¡¡NO!!
¡¡¡NOOOO!!!»

– *¡No cojas las escopeta de Yani! ¡Déjasela a tu hija!*
– *Adiós.*

«¡No la escuches, Padre!»

Con una sonrisa perenne y un traje claro demasiado grande. Foto de un día en el que el viento sí golpeaba con guijarros y secaba los pulmones con su calor y sus ruidos.
Una tos sin pesadilla en la desembocadura de un sueño en emergencia todavía, un aire embotado de tierra y sal de mar en una suspensión sin agua. Los zarandeos de Elisa, su voz de soldado:

– ¡Yani, despierta!

«¿Por qué te has vestido hoy de chica, Elisa? ¡Corre por mi escopeta! Hoy debemos disparar a los patos.»

– ¡¡Yani, despierta!!

Y luego, solemne y pausadamente:

– La Abuela ha encontrado a Papá entre las viñas **c**

Ja amodellade 1911
Bronce

Wilhem Lehmbruch

Entrevista

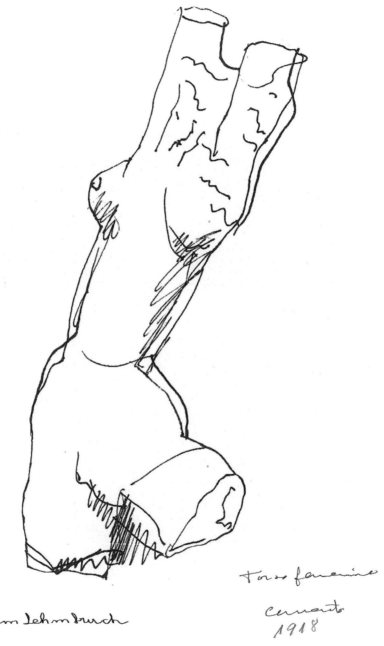

Wilhelm Lehmbruck

Torso femenino
cemento
1918

Olga Lucas y José Luis Sampedro: «La vida no es sólo razón, ciencia y computadoras; también es arte, pasión y sentimientos»

María Escobedo

LA OBRA LITERARIA DE JOSÉ LUIS SAMPEDRO ES SOBRADAMENTE CONOCIDA GRACIAS A TÍTULOS COMO *EL RÍO QUE NOS LLEVA*, *OCTUBRE, OCTUBRE*, *LA SONRISA ETRUSCA* O *LA VIEJA SIRENA*. SU MUJER, OLGA LUCAS, TAMBIÉN HA PUBLICADO LIBROS COMO EL VOLUMEN DE RELATOS *EL TIEMPO NO LO CURA TODO*; EL DE VERSOS *POEMAS DE ANDAR POR CASA* O EL ENSAYO *LA MUJER DEL POETA, LA GENERACIÓN DE LOS 50 VISTA POR ELLAS*. Y LOS DOS JUNTOS HAN FIRMADO OBRAS COMO *ESCRIBIR ES VIVIR*, *LA CIENCIA Y LA VIDA* Y, AHORA, LA NOVELA *CUARTETO PARA UN SOLISTA* (PLAZA & JANÉS), UNA MEDITACIÓN SOBRE EL MODO EN QUE EL SER HUMANO DESTRUYE SU MUNDO Y SÓLO UN REGRESO A LA RAZÓN Y LA CULTURA PODRÍA DETENER LA BARBARIE. DE TODO ELLO HABLAN AMBOS EN ESTA ENTREVISTA.

José Luis Sanpedro es uno de los intelectuales más respetados de nuestro país, alguien cuyo nombre suena cada vez que se pronuncia la palabra *humanista*. Además de su obra narrativa, que cuenta con una legión de lectores que le han seguido por títulos tan sobresalientes como *Congreso en Estocolmo* (1952), *El río que nos lleva* (1961), *El caballo desnudo* (1970), *Octubre, octubre* (1981), *La sonrisa etrusca* (1985), *La vieja sirena* (1990), *Real Sitio* (1993), *El amante lesbiano* (2000) y *La senda del drago* (2006), el profesor ha publicado numerosos tomos de economía y también una serie de libros en colaboración con su esposa, la también escritora Olga Lucas, que ha publicado poemas, ensayos y un muy recomendable libro de cuentos, *El tiempo no lo cura todo* (2006). Pero ambos han colaborado en numerosas ocasiones y han firmado libros como *Escribir es vivir* (2005) un curioso experimento que era una autobiografía de Sampedro escrito por ella o *La ciencia y la vida* (2008), en el que Olga Lucas recogía un diálogo entre su marido y el cardiólogo Valentín Fuster. Ahora han ido un paso más allá con la novela *Cuarteto para un solista* (2011), escrita por ambos al alimón y en la que construyen una fábula que indaga en las razones por la cuales la humanidad destruye su entorno y combate sus propias conquistas y dan una solución al hundimiento de nuestra civilización, que consideran cercano si las cosas no cambian: más cultura, más reflexión y menos barbarie.

– *¿Se podría definir* Cuarteto para un solista *como una fábula moral cuya intención es reivindicar la razón frente a un mundo sin valores?*

– En cuanto a encajarlo en un género, nunca nos preocupamos por como catalogar este libro. Nos parece atípico y fruto de la condición de novelista de José Luis Sampedro cuya preocupación casi obsesiva por los acontecimientos sociopolíticos de nuestro siglo le impide seguir escribiendo novelas, pero al mismo tiempo, es incapaz de acometer un ensayo puro sin que el duende novelista le siembre las páginas de personajes. Así, sin proponérnoslo, estamos ante un género híbrido. Si se quiere, sí, podría verse como fábula moral o, mejor aún, como un cuento filosófico, de los tan apreciados en el siglo XVIII europeo. En cualquier caso, la rei-

---

«*Cuarteto para un solista* es una fábula moral o, mejor aún, un cuento filosófico»

vindicación de una sociedad mejor frente a un mundo infiel a sus valores, es sin duda el eje central.

– *¿El libro es la metáfora de estas sociedades en las que quienes no obedecen las reglas del sistema son tratados de ingenuos o incluso de locos, como le ocurre al anciano profesor ingresado en una clínica especializada en trastornos mentales transitorios que protagoniza la novela?*

– En realidad, como se explica en la respuesta a su penúltima pregunta, la figura del profesor tratado de loco aparece en el libro como solución a un problema técnico, más que pensando en la metáfora que usted apunta acertadamente. Denigrar, marginar o ignorar las razones de los objetores a falta de argumentos, es una actitud frecuente.

– *¿El ser humano, como viene a sugerir la novela, se ha convertido en un bárbaro ilustrado, que llega a Marte mientras destruye la Tierra? ¿Es nuestra civilización la que está en ruinas?*

– Hablar de «nuestra civilización» refiriéndonos al sistema de vida occidental es una verdad a medias. El asombroso progreso técnico alcanzado en dos mil años es innegable, pero en todo ese tiempo no se ha aprendido a vivir en paz. No han cesado las guerras y las destrucciones, no solo del planeta sino de hermanos en la especie humana. Actualmente la Tierra está poblada por tribus de bárbaros tecnificados, con prejuicios e intereses enfrentados y hasta de odios entre religiones que aseguran amar al prójimo. Resumiendo, conviene matizar cuando empleamos el término «civilización».

– *¿Por qué eligieron Tombuctú, Ginebra, Venecia y Knosos como los lugares en los que se deben de reunir los cuatro hijos de Tales de Mileto, y educados por Anaxímenes y Empédocles, que son el Agua, el Fuego, la Tierra y el Aire?*

– Elegimos presentar escenarios reales con historias animadas por un lado para facilitar la lectura, y por otro, para ilustrar las ideas principales. Todos tienen su motivo. Por ejemplo, en Tahití (omitido en su enumeración) se evoca el interesante viaje de Bougainville para tratar el tema de mundo natural-mundo cultural.

«El asombroso progreso técnico alcanzado en dos mil años es innegable, pero en todo ese tiempo no se ha aprendido a vivir en paz»

Tombuctú nos pareció adecuado para las tribulaciones de Tierra acerca del mundo físico, la naturaleza y su destrozo; Ginebra, en tanto que ciudad internacional era apropiada para hablar del dinero, del inicio del capitalismo y la independencia; Venecia: ¿qué lugar mejor para evocar el placer de vivir? Y para finalizar, Knossos por ser el origen, la cuna de la civilización helénica.

– *En el libro, ustedes reflexionan sobre el negro futuro de nuestra civilización y avisan que podría desaparecer como antes lo hicieron Babilonia, Roma, el imperio Mongol o los mayas. ¿Cómo podría frenarse ese viaje hacia la destrucción?*

– No nos parece que se pueda. Considerando las sociedades como cuerpos, debemos aceptar el curso vital: nacimiento, desarrollo, declive y muerte. ¡Cuidado! No confundir con la teoría del fin de la historia. La descomposición del sistema de vida occidental, ya en clara decadencia, no es el fin de la Humanidad; solo el del sistema en cuestión cuyos principios cristalizaron al empezar la edad moderna. Fue eficaz para afrontar los problemas de entonces, no los del mundo actual. La vida es cambio. Se extingue una manera de vivir y nace otra. Por eso, la acción humana más que sostener lo viejo debe impulsar lo nuevo.

– *Uno de los elementos de la novela, Tierra, sostiene que es precisamente nuestra inteligencia lo que nos ha llevado a la soberbia, porque antes los hombres cambiaban de dioses y ahora los suplantan.*

– La soberbia, tan propia de los poderosos, pervierte la inteligencia, desviándola de la sabiduría, que es la mejor guía para vivir. La Vida no es sólo razón, ni se reduce a ciencia y computadoras, por valiosas que éstas sean. La Vida es también arte, pasión, sentimientos. En el capitalismo que agoniza los valores tradicionales se rinden ante el interés económico. Esperemos que el dios del mundo que nace sea la Vida como referente supremo.

– *El profesor dice que lo que hay que conseguir es una ciencia con conciencia, que evite que «mientras la mayoría de la población*

«La soberbia, tan propia de los poderosos, pervierte la inteligencia, desviándola de la sabiduría, que es la mejor guía para vivir»

mundial muere por falta de alimentos, agua potable y condiciones de vida digna, haya una minoría que muera de opulencia.» ¿La desigualdad es el gran fracaso de la humanidad?

– Sin lugar a dudas. Como ya se ha dicho en respuesta anterior, en dos mil años se ha progresado técnicamente más allá de lo imaginable, sin embargo, no hemos aprendido a convivir solidariamente, sin matarnos y sin acumular riquezas los unos en detrimento de los otros.

– *¿Vivimos en manos de los mercados como consecuencia de haber construido «un mundo que inventó el calvinismo al preconizar la dignificación del dinero, diciendo que «la riqueza era grata a los ojos de Dios», tal y como se dice en la novela?*

– Citamos el calvinismo como uno de los muchos hechos que entonces reflejaron el cambio del pensamiento colectivo desde el enfoque teológico y divino hacia el racional y humano.

– *¿Su idea del cristianismo se resume en la comparación que el profesor de* Cuarteto para un solista *hace entre Casanova y Don Juan, diciendo que el libertino italiano seducía por placer y el español conquistaba para vengarse de las mujeres, representando así «la moral católica de nuestro país, la idea del pecado, la presión clerical, la maldición de la carne, la mujer concebida como tentación y fuente de todos los males»?*

– El cristianismo, desde luego es mucho más que esa comparación entre la actitud de Casanova y Don Juan, pero sin duda, se caracteriza por el miedo y obsesión indiscutible contra la mujer, desde el tratamiento original de Eva hasta el maltrato y discriminación constante. Es lo que pone de relieve el profesor en sus conversaciones con el médico.

– *¿Los maestros a los que se cita en* Cuarteto para un solista, *Rosseau, Voltaire, Galileo, Newton, o Descartes, son sus autores predilectos? La novela parece sobre todo seguir a los clásicos griegos.*

Más que por «predilectos», esos autores se citan en el libro porque son los que consideramos ilustran mejor las ideas que de-

«El cristianismo se caracteriza por el miedo y obsesión indiscutibles contra la mujer»

seábamos exponer. Por supuesto que los Cuatro Elementos razonan encuadrados en el pensamiento helénico. Es el profesor quien puede hablar de ideas posteriores. (Por eso se hizo un hueco en el libro, como también explicamos en otras respuestas.)

– *«No confunda usted economía de mercado con sociedad de mercado –le dice el viejo profesor a su médico–, en la que todos los bienes y recursos, incluso las personas, se tratan como mercancías.» ¿Qué tenemos que hacer para salir de esta espiral en la que nos encontramos?*

– Para empezar, tomar conciencia de que no es la crisis, es el sistema. Dentro de este sistema, poca solución encontraremos y para salir de él precisamos otra educación. Una educación que, como se ha dicho ya, apoye el mundo que nace (el proceso ha empezado ya) y nos prepare para construir un futuro al servicio de la Vida. Pero como quienes mandan no nos la van a dar porque no les interesa, ellos educan para conseguir súbditos, obedientes productores consumistas, la única salida posible es la autoreeducación. Ésa es una de las aportaciones más positivas del movimiento 15-M: la labor pedagógica.

– *Alguien como usted, Olga Lucas, cuyos padres tuvieron que exiliarse de España tras la guerra civil, lucharon en la resistencia francesa y él fue internado en el campo de concentración de Buchenwald, donde compartió infortunio con Jorge Semprún, ¿piensa a veces, viendo el devenir de nuestro mundo, que la lucha de personas como ellas no mereció la pena, en el sentido de que no ha logrado sus sueños de igualdad y libertad?*

– En absoluto. El mejor legado que me dejó mi padre es precisamente el convencimiento de que las batallas por la dignidad hay que darlas, aunque se pierdan. Naturalmente, es más fácil encajar éxitos que fracasos, pero incluso éstos son más llevaderos si te puedes decir a ti misma «hice lo que pude, por mí no ha sido.»

No obstante, conviene recordar que la lucha en una guerra civil, contra una ocupación nazi o una dictadura implica, sin duda,

---

«Dentro de este sistema, poca solución encontraremos a la crisis, y para salir de él precisamos otra educación»

un sacrificio mayor (no es lo mismo jugarse la vida que perder el empleo), pero el enemigo y modo de combatirlo es más evidente que en la lucha contra la dictadura del complejo entramado financiero internacional, que es la nuestra. Los llamados «mercados», son un enemigo mucho más sutil, contra ellos no valen las armas tradicionales, ni bajar al refugio es solución para defenderse del bombardeo mediático.

– *¿Cómo han realizado este texto a dúo? ¿Cuál fue su método, su mecánica de trabajo?*

– A diferencia de *Escribir es vivir* y *La ciencia y la vida, Cuarteto para un solista* no fue concebido de inicio como un proyecto común. José Luis Sampedro trabajó en él prácticamente en solitario durante un par de años, acumulando mucha documentación, muchas notas, mucho material. Durante ese tiempo mi colaboración fue meramente auxiliar. Pero llegó un punto en el que se atascó y, estuvo a punto de rendirse. En realidad había mordido un bocado mayor del que podía digerir y el exceso de material aplastaba al escritor. Por otro lado, en su planteamiento inicial, el libro solo tenía a los cuatro elementos como protagonistas, lo que planteaba problemas técnicos difíciles de resolver con credibilidad, dado que Agua, Aire, Tierra y Fuego son a su vez mitos y realidades físicas.

Le pedí entonces permiso para utilizar ese material y reescribirlo a mi modo, poniendo en boca de un profesor aquellas partes del discurso que no encajaban en la de los Cuatro e intentando encontrar el tono que hiciera asequible al lector medio todo ese material sin por ello rebajar el nivel. Con esa idea reescribí en solitario las primeras cincuenta páginas (esas que tanto temen los editores), se las enseñé, le gustaron y a partir de ahí, seguimos los dos, con nuestra mecánica de trabajo habitual para las tareas conjuntas (comentando, discutiendo, añadiendo él, quitando yo o a la inversa), la elaboración de los siguientes capítulos, reescritos todos ellos cuatro o cinco veces hasta alcanzar el consenso.

«Los llamados "mercados", son un enemigo muy sutil, contra ellos no valen las armas tradicionales»

– *Ustedes han colaborado ya en Escribir es vivir (2005),* La ciencia y la vida *(2008) y ahora este* Cuarteto para un solista. *¿Tienen pensado algún otro libro en común?*

Teniendo en cuenta la avanzada edad de José Luis Sampedro, lo más probable es que, en adelante, todos sus proyectos requieran de mi colaboración. Él conserva su lucidez mental y creatividad, pero como es sabido, aunque muchos lo ignoren, escribir es algo más que inventar. Es crear y construir ⊂

«Teniendo en cuenta la edad de José Luis, lo más probable es que, en adelante, todos sus proyectos requieran de mi colaboración»

Punto de vista

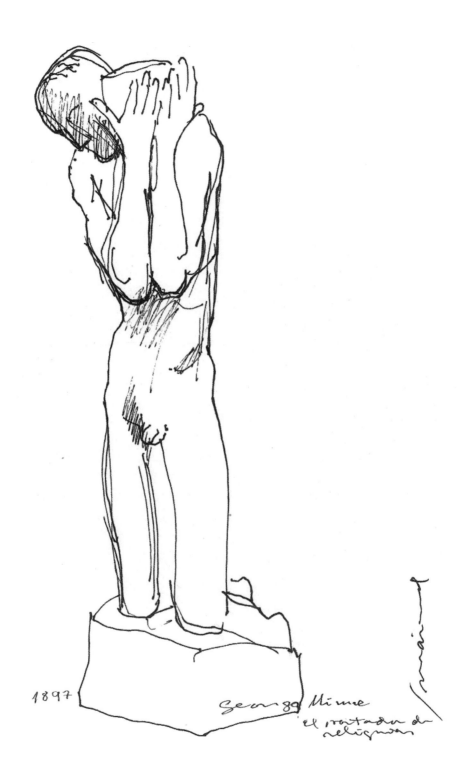

1897

George Minne
el montador de
reliquias

Los ciclos poéticos de José Manuel Caballero Bonald

Juan Carlos Abril

José Manuel Caballero Bonald ha desarrollado una larga trayectoria desde principios de los años cincuenta hasta hoy mismo. Sus inicios se asocian a la poesía, pero también a la prosa: narrativa, memorialística y artículos (de la más diversa índole: de viaje, costumbres, crítica literaria, etc.), le han convertido en uno de los pocos escritores que *transgeneracionalmente* ha sobrevivido a su época, superando estéticas y modas, permaneciendo como un referente para unos y otros. Sus últimos poemarios lo confirman y, tras abandonar los otros géneros literarios, ha anunciado una nueva entrega para el próximo 2012.[1]

El conjunto de su obra poética se ha dado a la imprenta de manera muy dosificada, combinándose con las prosas. Nos hallamos ante un escritor íntegro que sabe gestionar perfectamente sus necesidades y recursos expresivos y que solo ahora, cuando ha

---

[1] La sucesiva reordenación y reagrupamiento de sus poesías completas, en 2004, incorporó *Manual de infractores* (2005) a la reedición de 2007; y *La noche no tiene paredes* (2009) a lo que es la antesala de su edición definitiva, *Somos el tiempo que nos queda. Obra poética completa 1952-2009* (2011) y que hoy nos sirve de pretexto para este artículo, en la colección Austral, en edición de bolsillo (800 páginas). Las antologías de su poesía han ayudado mucho a la crítica para extraer y seleccionar lo mejor de su obra, estudiándola, derivando un buen corpus de estudios críticos. Hay libros, artículos, capítulos, entrevistas y referencias de una magnitud casi inabarcable, y se han realizado lecturas retrospectivas a lo largo de todas esas calas marcadas por la aparición de sus poesías completas. Esto no ha impedido que se hayan publicado los poemarios exentos citados o que la crítica se haya lanzado al análisis de las similitudes y disimilitudes entre ellos.

renunciado a los otros géneros, se hace visible este considerable aumentado de su actividad poética. El propio autor se ha autocalificado en numerosas ocasiones como «un escritor discontinuo, o a rachas», pero habría que entender estas etapas como momentos de intensidad vital, crecimiento interno y vaciado expresivo en tanto que creación literaria: en la poesía, como desarrollo de una necesidad que va madurando en diversos «ciclos» las inquietudes que nos afectan.[2] La naturaleza de estos ciclos, aclaramos, es distinta una de otra y, aunque coincidan –ya que un mismo individuo los concibe–, el afán de superación y creación prevalece sobre el uso de esos mecanismos ya transitados. Caballero Bonald no se acomoda cuando encuentra un filón: una vez que saca aquellas vetas más interesantes, lo abandona y busca otro. Capítulo aparte merecería toda su trayectoria literaria, que habría que considerar semióticamente como un universo donde se dan cita todo tipo de herramientas lingüísticas y estilísticas. En cualquier caso, el conflicto es constante en cada uno de estos ciclos, emergiendo por distintas vías: 1) Plenitud metafísica/vocación metapoética de la juventud. 2) Problemática existencial: individual/social. 3) Laberinto vital y literario. 4) Lamentaciones por el irreparable paso del tiempo e insumisión.

Ciclo de *Las adivinaciones*

Las adivinaciones (1952), *Memorias de poco tiempo* (1954),[3] y *Anteo* (1956), forman el «ciclo de *Las adivinaciones*», donde el carácter metafísico, tornándose en inflexión metapoética, domina a través del instinto adivinatorio, que va modulando temas y voz. *Anteo* no será ningún broche o culminación de ciclo, sino una depuración, una indagación a través de aquellas herramientas usa-

---

[2] José María García López (1999) ya abordó algunos de estos asuntos de otra óptica.

[3] «El nuevo libro de poemas de J. M. Caballero Bonald, que lleva por título *Memorias de poco tiempo*, señala en la temática, ya que no en el estilo ni en la forma, una continuación y renovación de los motivos poéticos existentes en su primer libro que en cierto modo complemente y termina». (Vilanova 1954: 24)

das con anterioridad, aplicadas al flamenco que, no olvidemos, por entonces era muy minoritario, perseguido, sin prestigio artístico o social.

> Mi primer libro de poesía –*Las adivinaciones*– se publicó en 1952 y lo empecé a escribir un par de años antes, coincidiendo ceremoniosamente con otra enfermedad. Quizás algún poema sea del 49, no estoy muy seguro. Se trata de un libro psicológicamente envarado, a medio camino entre la erótica religiosidad juanramoniana y el ritual panteísta aleixandrino. También podría encontrarse algún rasgo discursivo propio de Cernuda, más visible a través de las normas sintácticas, y ciertos reflejos de las maneras salmodiadas del Luis Rosales de *La casa encendida*, libro que leí por esas fechas y del que siempre me he sentido emocionadamente próximo. (Caballero Bonald 1983: 20)

Las adivinaciones supone un éxito que no solo se debe a las influencias aleixandrinas (Lanz 2000: 39-79) o al gusto establecido e imperante de la época, aunque algo hay de novedad –y podríamos decir ruptura genuina– en esta voz joven. Gerardo Diego escribe una reseña elogiosa en la que alude a una estirpe –la andaluza– en donde Caballero Bonald ha entroncado por derecho propio (cf. Diego 2006: 55): «Por eso su poesía se sitúa inconfundiblemente en la línea de la poesía mejor y reciente de acento andaluz.»[4]

Los poemas que se sitúan en la onda del Luis Rosales de *La casa encendida*, son «Mendigo» (1952: 11-13; 2011: 25-26), «La amada indecible» (1952: 19-20; luego «Cuerpo entre dos», 2011: 52-53) o «Domingo» (1952: 39-40; 2011: 38-39), entre otros. Se observa una forma de narrar –esas «maneras salmodiadas»– cercana al versículo y acompañada de cierto ritmo que tiembla, tras-

---

[4] Que un superviviente de la Generación del 27 escriba sobre un joven poeta, ya es motivo de una reflexión. Diego desempeñaba un papel de crítico, no de guía. A diferencia de Aleixandre, no pretendía influir –por activa o pasiva– sobre los jóvenes, y así lo señala García Montero: «De todos los grandes autores del 27, Gerardo Diego es el único que no ha motivado un momento invocativo de sucesión literaria.» (1993: 91).

mutando el sentido rehumanizador del compás que los genera. «[L]a erótica religiosidad juanramoniana y el ritual panteísta aleixandrino» forman parte de las capas más profundas del libro, si bien desde el primer verso hasta el último son líneas temáticas que lo atraviesan. Una erótica que posee un complemento con lo que se adora. Religión viene de re-ligar, volver a unir, y la herencia espiritualista de Juan Ramón Jiménez (al que volveremos más tarde) se relaciona con esa forma de ver el mundo que a finales del siglo XIX y principios del XX contagió a los intelectuales españoles y europeos, al modo wagneriano-nietzscheano. ¿Una religión pagana? La infancia –que nunca acaba– se permea de espiritualidad, pero con fuertes resonancias hacia lo sensible.

En el primer poema, «Ceniza son mis labios» (1952: 9-10; 2011: 21-22), las preocupaciones de calado metafísico se solapan por su impulso metapoético. El poeta se encuentra absorto en su lenguaje, impactado por la abundancia de conocimiento que supone manejar esa «cifra inicial de Dios», que es el Verbo, en la dialéctica oscuridad/luz. Porque si ha sido lanzado a un destino –verbal, luminoso– desde «su oscuro principio», también posee «aquella luz aniquiladora / que dentro de él ya duele con su nombre: belleza».[5] Su destino es ser poeta, y la preocupación por la palabra poética se convertirá en uno de los motores, quizás el primero, si atendemos a esta lectura metafísica, de manera incluso obsesiva. Así, si nos ceñimos a «Poema en la escritura», la última composición de *Las adivinaciones*, lo refrendamos: ahí se cierran las dudas o especulaciones, en cualquier dirección. Los tres primeros versos de la estrofa final son importantísimos: «Y ahora, en fin, este día de octubre, no sé cual, / me he quedado en silencio frente a mis escrituras, / frente al mágico soplo que adivino y no he dicho.» (1952: 15, vv. 31-33) El poeta se ha quedado en silencio, pero en el poema está decantándose. No puede expresar todo lo que siente e intuye, pura adivinación. Y no

---

[5] En «Nombrando lo absoluto» (1954: 56-57), que luego pertenecerá a *Las adivinaciones* como «Copia de la naturaleza», se observa la recurrencia al problema lumínico-dialéctico oscuridad/luz: «Como la propia oscuridad, / no como el vago temple / de lo oscuro, como su turbación / de repentina fuga irreparable, / acaso como el sueño, así es la inmensa / palabra fulgente que dices / poco a poco […]» (cf. 2011: 51).

lo podrá decir nunca porque, de hecho, ya lo ha dicho: es el poema mismo, es el propio devenir de su escritura.

Este ciclo se detecta también por las referencias a la tierra. Anteo, recordemos, era hijo de Gea, y –simplificando–, el propio autor, sin querer darle demasiado trasfondo biográfico, se encarna en sus poemas, haciendo un signo de sí mismo, indicando que él, como un gigante invencible –en aquellos años de juventud que se sentía como un dios, lleno de fuerza metafísica y voluntad– amaba estar en el agua (su vocación de navegante, y más aún: «navegante solitario»),[6] pero debía estar en la tierra porque necesitaba su contacto, ya que si no moría: una auténtica *ananké* –como Necesidad del Ser– que personifica la inevitabilidad de su vocación y la ineludible decisión de dedicarse a las letras, una dedicación vivida como compulsión. No una elección sino un ser elegido, al modo del célebre poema latino de Arthur Rimbaud (véase «El sueño del escolar», 1996: 127-133). Este mito hace referencia a lo atávico, a las raíces, a la tierra como elemento primordial y generador de vida, y lo podemos poner en contacto con otras composiciones.[7]

> Pero me llamo hombre. Mi memoria está viva,
> está al borde del tiempo, de jornales gastados
> a fuerza de renuncias, de míseras cautelas
> para andar y morirse y andar después aún.
> Pero me llamo tierra. Mis efímeros sueños
> no pueden sostener esa luz o milagro
> que mi pecho recibe, que mis manos soportan,
> y más y más traduzco cuando más me aniquila. (1952: 14, vv. 13-20; cf. 2011: 28)

---

[6] Extraído del poema homónimo (Caballero Bonald 1977: 51; cf. 2011: 311-312), *José Manuel Caballero Bonald. Navegante solitario* será el título con el que la revista *Litoral* le homenajeará en un volumen imprescindible para quien quiera conocer la obra, la trayectoria, etc. de nuestro autor… Allí se encontrará igualmente una pequeña antología de cinco poemas en torno al tema del mar, los naufragios y los barcos titulada «Cicatrices en la cara del mar» (véase Jiménez Millán, ed., 2006: 146-151).

[7] Véase, además, para otras simbologías y relaciones, Bachelard (1996), sin olvidarnos de Silver (1985).

Esta estrofa no puede ser más indicativa de esta peculiar relación de la tierra –como elemento o sustancia primigenia–: se observa el paralelismo entre «Pero me llamo hombre» y «Pero me llamo tierra», como términos equivalentes. Esta identificación hace que el hombre deje de «elevarse», reteniéndose. Y en el díptico «Las adivinaciones» la tierra se muestra como arcilla (1952: 25, vv.1-9; 2011: 43); o en «La casa»:

Entre sus dimensiones como miembros,
entre sus galerías de familiares sombras trémulas,
tuve un día en mis brazos el candor de una insólita dicha,
vida que acaba cuando nunca,
y allí supe tocar la verdad de la tierra,
los sueños colectivos de la tierra
y allí alcé mi ignorancia a un destino de luz. (1952: 54, vv. 38-44)[8]

«Tocar la verdad de la tierra» como un hecho sagrado, un acercamiento de pureza o experiencia mística en la que el hombre se reencuentra con lo primigenio y por el tacto alcanza una comunión, «los sueños colectivos de la tierra», conectando con el mundo y su visión rehumanizadora. La palabra «tierra» aparece en muchísimas ocasiones en todas sus variedades y acepciones léxicas, como adjetivo, como planeta, elemento físico, o en algún derivado, barro, arcilla... También *Memorias de poco tiempo* se abre con una cita donde ya aparece la tierra, como en el primer poema, «Cuando estas palabras escribo» (1954: 15-16; 2011: 71-72), o en «Vengo de ser un cuerpo por el mundo» (1954: 21-22; 2011: 94-95), que comienza así: «Vengo de ser un cuerpo más / entre los instrumentos de la tierra.» (1954: 21, vv. 1-2). El cuerpo se ha instrumentalizado como un apéndice de la tierra, una herramienta, y la tierra es ese ente superior que aglutina las fuerzas que nos rigen y dirigen. Estamos ante la Gran Madre o Cibeles –correspondiente de Gea–, y que como se sabe es un culto

---

[8] En «Casa junto al mar», título final de este poema, estos versos desaparecerán, cf. Caballero Bonald 2011: 54-56, lo cual no deja de ser significativo para *Anteo* y la relación de nuestro autor con la tierra.

arcaico de los más antiguos que existen, remontándose al Neolítico.[9]

En suma, pocas dudas nos quedan de la elección de *Anteo* por su carga sígnica, al margen de las referencias mitológicas y atávicas a las que hace alusión. Al final de la primera estrofa de «Siempre se vuelve a lo perdido» dice así: «y en soledad estuve, sin poderme valer / del detrimento funeral del tiempo, / también sin atender a los avisos / de la diaria persuasión terrestre.» (cf. 1954: 27, vv. 11-14; 2011: 81. A pesar de las variantes de este poema, muy cambiado en la versión actual, la palabra «terrestre» sobrevive al expurgo o remodelación, véase Flores 1999: 56).

Ciclo existencial

El «ciclo existencial», que abarca los dos libros siguientes, *Las horas muertas* (1959) y *Pliegos de cordel* (1963) da cuenta de una voz ya consolidada que ha alcanzado la madurez. Nuestro escritor de entonces es ya ese vigía —en su acepción más social, pero también como herencia simbolista— que se encuentra a la vanguardia de una sociedad muerta o dormida, y en su generación se encuadra en ese sector más visionario, rasgo ineludible que le diferenciará del resto en el uso de la palabra. Él mismo lo reconocerá.

Las horas muertas se publicó a principios del 59 y es uno de los textos poéticos míos que más me satisfacen. Probablemente, y a pesar del nada disimulado acarreo de ciertas modas filosóficas, el libro tiene como una tonalidad que procede en muy buena medida de mi propia cosecha. Su elocución, muchos de sus ingredientes verbales y registros imaginativos, marcan sin duda una nueva etapa —una etapa distinta— en el despliegue cíclico de mi poesía [...]
Las materias de este libro, pasadas muchas de ellas por el entonces frecuente tamiz del existencialismo, tal vez desarrollen en profundidad las mismas sensaciones de mi poesía pre-

---

[9] También el protagonista, como un actante, de *Ágata ojo de gato* (1974), será la madre tierra.

cedente. Pero ahora, junto a esos contenidos globales (las confabulaciones amorosas, la fragilidad horaciana del tiempo, las nocturnidades más o menos malévolas, los injertos del absurdo, la libertad), se acentúa el sondeo en el paisaje moral y físico de la infancia y, acaso por idénticas razones, en esa cantera educativa de la que iba surgiendo cierta apremiante tendencia a la crítica de la sociedad. (Caballero Bonald 1983: 23-24)

En efecto, según habíamos comentado, el impulso rehumanizador provenía ya de la matriz existencialista, derivando a su vez en la literatura *engagé*. Aurora de Albornoz, en un célebre artículo sobre nuestro poeta, lograría resumirlo de la siguiente forma: «Acaso lo primero que cabría decir de los dos últimos libros es, precisamente que, en este sentido, son complementarios: *Las horas muertas* es, digamos, el libro del *yo*; *Pliegos de cordel*, el de *los otros*.» (1970: 331) El conflicto, como ya anticipamos, es común a ambas entregas, plegado hacia el mundo interior, digamos, en el primero, y hacia el mundo exterior, en el segundo. La infancia, que tanta importancia poseerá en ambos libros, y que puede ser uno de los ejes vertebradores más importantes de este ciclo, posee, por poner un ejemplo, en «El patio» (1959: 18-21; 2011: 151-153), un trato más íntimo e individual que en, pongamos por caso, «Aprendiendo a ver claro» (1963: 15-18; 2011: 201-203), más explícito y social.

En fin, atendiendo a una decantación del lenguaje más específica hacia la protesta y lo específicamente denominado como poesía social, hubo rasgos que se acentuaron en *Pliegos de cordel*, pero que ya estaban en *Las horas muertas*. Es curiosa la cantidad de poemas intercambiables que hay en ambos libros, que fueron cambiando de una edición a otra, y fruto de esa hibridez nació *El papel del coro* (1961). Pero al margen de ciertos detalles particularmente testimoniales, o de querer trazar aquí un esquema perfecto y tajante, ya que admite sutilezas y matices el análisis, una misma ideología libertaria, conciencia crítica y comprometida con la realidad, y un mismo proyecto emancipador –no ya metafísico, como en los dos libros primeros, sino histórico– del hombre, puede reconocerse tanto en *Las horas muertas* como en *Pliegos de cordel*. Los ciclos de la poesía de Caballero Bonald responden a estímulos creativos, y no son monológicos sino que dialogan entre sí, presentan contradicciones y trasvases. Así, haciendo un recorrido íntegro pero en breves palabras, se puede afirmar que, a través del existencialismo que recorre las páginas de este ciclo, se va decantando una actitud moral que se plasma en un compromiso cada vez más explícito, tanto en *Las horas muertas* como en *Pliegos de cordel*. No olvidemos que en *Las horas muertas* ya hay poemas como «Una palabra es una lágrima» (1959: 24, después «Modus faciendi», 2011: 156), «La sed» (1959: 25-26; cf. «Entreacto de la sed» (2011: 168-169), o «Blanco de España» (1959: 38-39; 2011: 174-175), que se pueden entender sin ambages como poesía comprometida, eso sí, no poesía prescindible o coyuntural, cargada con palabras mitineras, de aplauso fácil y demagógica, sino una poesía elegante y civil que con el paso de los años no ha acabado siendo desechada como vulgar propaganda. He ahí una notable diferencia que singularizará todo este ciclo, que realizó sus concesiones al realismo testimonial (Payeras Grau 1997: 54 y ss.), pero sin doblegarse a las consignas más falaces de partido. Y es que más allá de la doctrina política, el problema de la libertad en España implicaba una actitud de tipo moral para cualquier demócrata y, en efecto, la poesía solo podía entenderse desde el compromiso, y este se encontraba traspasado fundamentalmente por un tema: España; tema del que nuestro autor no habría podido –ni querido– sustraerse; muy al contrario, su poesía da muestras de la preocupación por la patria en aquellos peores momentos en los que la dictadura parecía inagotable.

Ciclo del laberinto

Descrédito del héroe (1977) y *Laberinto de Fortuna* (1984) se estructuran en torno a la noción de laberinto. El primera de forma implícita y el segundo explícita. *Descrédito del héroe* comienza con varios poemas de acusada estirpe erótica, que son a la vez una rememoración extraída de los almacenes de la memoria, y una suplantación, en algunas ocasiones, del acto sexual. Pero el libro al mismo tiempo nos adentra en un laberinto:[10]

---

[10] Así lo señala también Payeras Grau (cfr. 1987: 225).

en *Descrédito del héroe* el recuerdo adquiere muy pronto el perfil mítico de un laberinto. Su invitación a recorrerlo corre pareja a un exhaustivo ahondamiento en la experiencia lingüística. El «Hilo de Ariadna», prendido significativamente en el título del poema inicial del libro, nos remite a una búsqueda cuyo interés no reside únicamente en la azarosa posibilidad de volver tras los pasos de lo vivido, internándose por aquellos pasadizos más resbaladizos de la memoria, sino en obtener, tras esa incursión por tierra de nadie del pasado, las certezas necesarias que hagan válido el camino de vuelta. (Andújar Almansa 2006: 174)

Laberinto –verbal y de autoconocimiento– que responde a una estructura barroca por antonomasia y que tanta influencia poseerá en el siguiente libro de nuestro autor, que lo llevará explícito desde su título: *Laberinto de Fortuna*, en homenaje a Juan de Mena. Un laberinto que es, además de una experiencia verbal, «una experiencia vital» (García Jambrina 2006: 209) que poseerá solo en su propia autorreferencialidad su límite y su celo: «El lenguaje y la lucidez, vigilándose mutuamente, actúan contra la degradación y el óxido en los campos de batalla de la memoria.» (García Montero 2001: 23) Y puesto que se tratará de un laberinto –verbal – con puertas, las que las palabras crean con sus alusiones, tendrá sus explícitas referencias en el célebre «Hilo de Ariadna» (1977: 13-15; 2011: 273-275); luego corroboradas en los primeros versos del poema segundo, «Salida de humo», un título decididamente ambiguo en el contexto erótico en el que se enmarca, describiendo las aberturas corporales como si fueran estigmas del deseo, un cuerpo que echa humo por su cualidad incandescente, caliente.

> Si alguien abre
>   aunque no
> sea nadie quien abra
>   la espantosa
> puerta insufriblemente
> condenada desde el penúltimo
> cataclismo y allí se obstina
> en penetrar [...] (vv. 1-6, 1977: 16; cf. 2011: 276)

En ambos poemarios hay un héroe desacreditado esforzándose por realizar tareas sin utilidad ninguna, alguien que se muere por dentro y la única salida que posee para paliar ese dolor es la escritura, que tampoco resulta suficiente. Vivir y leer estos dos libros será una realidad donde nunca puede llegarse plenamente: se pueden leer de principio a fin, sí, pero nunca se acabarán las interpretaciones o los huecos –como bolsas o bucles– de sentido. El hombre siempre está yendo; la vida es una realidad *in via*. Semióticamente son libros riquísimos, muy densos. El amplio simbolismo del viaje se resume en la búsqueda de la verdad, la felicidad, la inmortalidad, pero en nuestro autor no nos parece que haya una búsqueda precisa de tal calibre, como si se despreciara ese discurso: en cualquier caso podría resumirse, atendiendo a su trayectoria, a la búsqueda del ser del lenguaje, al *lógos*. En este momento cobra cuerpo la etiqueta de Caballero Bonald como escritor «barroco», identidad que, como podemos ver, se adquiere.

El laberinto es ambiguo por naturaleza, sus anfibologías son señales adrede diseñadas para confundirnos. No son casuales sus juegos de despistes, esas luces que nos deslumbran, las oscuridades repentinas en torno a nociones que hay que completar por nuestra cuenta, o a la necesidad de nuestra intervención en la lectura. La poesía de Caballero Bonald realiza ahora un giro epistemológico sobre sí misma (ver Abril 2004: 110-111), pues pasa en este momento de ser lectura a convertirse en lección, del mismo modo que el texto pasa, en su función mediadora entre el emisor y el receptor, a ser un vehículo autónomo –*obra abierta, intermédiaire*– entre los focos de emisión y recepción. A estos niveles de la poesía bonaldiana se puede afirmar que se han abolido las categorías de emisor y recepción, siendo sustituidas por aquellas. Esto indica la pérdida de orientación inicial, pero constituye un desafío para encontrar el centro y salir de él. El laberinto se recorre solo deduciendo ciertos movimientos a cada cruce o enredo. Reto para el lector, quien debe sortear la lengua codificada[11] porque el labe-

---

[11] El estilo *natural*, la naturalidad renacentista del «escribo como hablo» no sirve para entender el tejido textual de lo barroco. Para un hombre barroco, la naturaleza debe ser perfeccionada y en el binomio *ars/natura* se opta por lo artificial como eje sobre el que descansa ese impulso perfeccionador. La per-

rinto se presenta como reto lingüístico, y reto también para desentrañar –o descodificar– aquello que no se entiende o que no se acierta a dilucidar de un lenguaje tan alejado del estilo cotidiano, coloquial o natural.[12]

Para Caballero Bonald, lo barroco es una categoría estética, un procedimiento.

En efecto, el barroco se desentiende por lo común del hombre histórico, apenas da razón de él, entre tantos lujosos adornos y orquestaciones verbales. No voy a negar su culto a lo aristocrático, su paraíso cerrado para muchos y todo lo demás que tanto denostó Machado. Pero todo eso pertenece a su romántica mala prensa. Lo que a mí me seduce del barroco es su asombrosa capacidad para las sustituciones entre el desengaño de la vida y la vivificación del arte. El barroco elude la realidad, es cierto, pero la suplanta por una nueva imagen del mundo, es una especie de ininterrumpida invención de equivalencias artísticas de la realidad. Y eso es lo decisivo. (Caballero Bonald en Campbell 1971: 320)

Ciclo de Argónida

Diario de Argónida (1997) tuvo una continuación natural, *Manual de infractores* (2005)[13] que luego se vio aumentada por *La*

---

fección se puede conseguir, buscando la esencialidad absoluta del teocentrismo, si bien se sabe inútil porque se es consciente del mundo en que se vive y de que no existe marcha atrás: ahí se funda, por tanto, la ruptura de los equilibrios propios del clasicismo renacentista entre *res* y *verba*, *ars* e *ingenium* o *ars* y *natura*.

[12] Tema característico del hombre de *l'âge classique*, que le encantará a nuestro autor, es el *naufragio*, por ejemplo «A batallas de amor campo de plumas» (1977: 27-28; 2011: 286-287), que aparecerá en repetidas ocasiones en el «ciclo del laberinto» (ver «*Terra incognita*», 1984: 15; 2011: 368). Aquellos temas que se relacionan con el hombre que se enfrenta al mar, en soledad («Navegante solitario», 1977: 51), son también originarios del barroco, propios del humanismo (el hombre solo gobernando el barco, sinónimo del hombre solo frente a su destino, manejando su propio destino) aunque poseen muchas reminiscencias cristianas.

[13] «En buena medida estos dos últimos libros de Caballero Bonald […] forman un conjunto muy bien trabado: sus conexiones (temáticas, conceptuales, esté-

noche no tiene paredes (2009). Varios temas atraviesan a los tres, existiendo quizás en cada uno de ellos características que los individualizan.

> La insolencia de Caballero Bonald es también un estilo literario, un modo de gobernar el lenguaje. La ética de un escritor es inseparable de su música, de su vocabulario, de su sintaxis. El compromiso literario con el mundo exige sobre todo un compromiso con el rigor de la literatura [...] Esa misma lección ha dado Caballero Bonald al llevar la insolencia de su valor cívico al lenguaje poético y al defender la escritura como un proceso de búsqueda, de indagación esforzada, hasta convertir los matices del lenguaje en un ámbito de conocimiento. Los merodeos lingüísticos tienen poco que ver con la ornamentación encubridora en una poesía que [...] ha buscado en el despojamiento un golpe de fuerza expresiva, de lucidez vital y de valentía ética. Experiencia de vida y experiencia de lenguaje se funden en un testimonio de rebeldía. (García Montero 2006: 32)

Caballero Bonald hace de la estética una dimensión del *éthos* humano. Tras cualquier tema o poema, el compromiso aparece como una forma de estar en el mundo, inseparable de una mirada. El compromiso no es una cuestión de modas[14] y el Caballero Bonald de *La noche no tiene paredes* es el mismo de *Las adivinaciones*:

> El discurso poético adquiere así, una dimensión actuativa, performativa, podría decirse con términos austinianos, por la que

---

ticas, lingüísticas...) son tan complejas y múltiples que más bien podría hablarse de dos entregas de un mismo libro. (Rosales 2006: 186)

[14] «Desde planteamientos estéticos distintos a los de su libro de 1963, *Pliegos de cordel*, pero con claridad meridiana, el poeta ha acogido aquí algunas de sus disidencias políticas frente a un tiempo de historia que se anuncia peligroso. Encarado a su propia indignación, el poeta se obliga a encontrar las palabras exactas, ese es el valor ético de su creación [...] La incitación a la disidencia recorre el libro por caminos muy diversos, porque el tono dominante no es tanto el de la denuncia como el del enfrentamiento a la norma, el de la invitación al recelo ante las grandes palabras.» (Díaz de Castro 2006: 189-190).

su propia enunciación supone ya una actuación en el mundo y la consecuente creación de un efecto de sentido, de que deriva su dimensión comprometida, que no se establece ya en la previa intencionalidad programática, sino en la propia realización lingüística, en el modo de manifestar su insumisión frente a los discursos de poder y el modo en que estos circulan en el mundo. (Lanz 2007: 104)

Tal y como detecta Juan José Lanz, el giro intervencionista austiniano es precisamente uno de los hilos conductores que une, desde la recreación del mito bonaldiano hasta la conciencia del infractor, este ciclo. Y es que en general –siempre de manera resumida– nos remontamos a un concepto y unas nociones que podríamos conjugar como «ética estética», y que en nuestra literatura posee a Juan Ramón Jiménez como su referente.[15] En este sentido, un aspecto exterior que quizá sea el más visible, por encima de otros, aunque no el único, es el del creador inconformista que posee un compromiso vital con su escritura y consigo mismo. Este compromiso obsesivo no solo elabora nuevas obras sino que está en continua reelaboración de lo que ya ha escrito, como le sucedía a Juan Ramón Jiménez.

LA LLAMÉ BELLEZA

Del codicioso sur elijo
este tránsito de mar que abarca
desde el fondo del mundo hasta la habitación
donde conspiro con la noche.
                    Allí
convergen las requisitorias de la felicidad,

---

[15] Buscando la síntesis formal y algo menos visible en *Diario de Argónida*, el ascendente juanramoniano toma cuerpo y se sublima más explícitamente en *Manual de infractores* y en *La noche no tiene paredes*, cerrando el círculo. Prieto de Paula (2007: 101) desarrolla de manera espléndida esta influencia, también señalada por Morelli (2008: 21): «Il poeta è animato da una visione di perfezionismo che lo avvicina alla stessa idea juanramoniana dell'opera assoluta, risultato di un processo di elaborazione mai terminato».

los cauces secos del deseo, el mapa
de los cuerpos desnudos del pasado,
el denso material vertiginoso de la vida,
allí el solo precepto de ser libre
devuelve la esperanza a sus prisiones.

Y a esa restitución la llamé belleza. (2009: 83; 2011: 719)

Caballero Bonald es un continuo y obsesivo –en tanto que perfeccionista– reelaborador de su obra, tal y como se puede observar en el cotejo de sus primeras ediciones con la ordenación definitiva de *Somos el tiempo que nos queda* (2004, 2007 y 2011), que sería su Obra con mayúsculas, en el sentido juanramoniano. Una Obra que posee conciencia de sí misma y que sobrevivirá a nuestro autor cuando muera, en última instancia. La libertad y la soledad del creador formarán parte de un sintagma inseparable, de una conciencia de la individualidad que lleva consigo la conciencia crítica. Esta premisa se encuentra en los orígenes de la poética bonaldiana, y esa ética estética va transformándose, tomando diferentes formas externas y aflorando de muy diversas maneras (ver Lanz 2007: 104). En conclusión, para hablar de Caballero Bonald deberíamos extender el concepto algo reduccionista del *engagement* sartriano hacia algo más que una moda filosófico-literaria o necesidad histórica, y así desde el existencialismo metafísico de los primeros libros hasta la conciencia infractora de los últimos, la ética estética del jerezano posee una marca indefectible. Una marca juanramoniana de superación que sin ambages ya se llama bonaldiana.

REFERENCIAS CITADAS

ABRIL, Juan Carlos (2004): «*Somos el tiempo que nos queda*, de J. M. Caballero Bonald», *Campo de Agramante*, 4, 105-117.
ALBORNOZ, Aurora de (1970): «La vida contada de Caballero Bonald», *Revista de Occidente*, 87, 328-335.
ANDÚJAR ALMANSA, José (2006): «Los asedios del yo (sobre *Descrédito del héroe*)», *apud* Jiménez Millán, ed. 2006, 173-182.

BACHELARD, Gaston (1994): *La tierra y los ensueños de la voluntad*, Traducción Beatriz Murillo Rosas, México D. F.: Fondo de Cultura Económica, 2ª reimpr., 1996.

CABALLERO BONALD, José Manuel (1952): *Las adivinaciones*, Madrid: Rialp, Accésit del Premio Adonáis 1951.

–, (1954): *Memorias de poco tiempo*, Ilustraciones de José Caballero, Madrid: Ed. de Cultura Hispánica.

–, (1956): *Anteo*, Madrid-Palma de Mallorca: Ed. Papeles de Son Armadans.

–, (1959): *Las horas muertas*, Barcelona: Colección Premios Boscán, Premio Boscán 1959, Premio Nacional de la Crítica 1959.

–, (1961): *El papel del coro*, Bogotá: Ed. Mito.

–, (1963): *Pliegos de cordel*, Barcelona: Colliure.

–, (1974): *Ágata ojo de gato*, Barcelona: Barral editores, Premio Nacional de la Crítica 1975.

–, (1977): *Descrédito del héroe*, Nota introductoria de Martín Vilumara, Barcelona: Lumen, colección El Bardo, Premio Nacional de la Crítica 1977.

–, (1983): *Selección natural*, Edición e introducción del autor, Madrid: Cátedra.

–, (1984): *Laberinto de Fortuna*, Barcelona: Laia.

–, (1997): *Diario de Argónida*, Barcelona: Tusquets.

–, (2004): *Somos el tiempo que nos queda. Obra poética completa*, Barcelona: Seix Barral.

–, (2005): *Manual de infractores*, Barcelona: Seix Barral, Premio Internacional Terenci Moix 2005, Premio Nacional de Poesía 2006.

–, (2007): *Somos el tiempo que nos queda. Obra poética completa 1952-2005*, Barcelona: Seix Barral.

–, (2011): *Somos el tiempo que nos queda. Obra poética completa 1952-2009*, Barcelona: Seix Barral, Colección Austral.

CAMPBELL, Federico (1971): «José Manuel Caballero Bonald o la penetración del satanismo», en *Infame turba*, Barcelona: Lumen, 313-330.

DÍAZ DE CASTRO, Francisco (2006): «El *Manual de infractores* de José Manuel Caballero Bonald», en Jiménez Millán, ed. 2006, 188-193.

DIEGO, Gerardo (2006): «*Las adivinaciones*», *apud* Jiménez Millán, ed. 2006, 54-55.

FLORES, María José (1999): *La obra poética de Caballero Bonald y sus variantes*, Mérida: Extremadura, Editora Regional-Universidad.

GARCÍA JAMBRINA, Luis (2006): «El laberinto poético de Caballero Bonald», *apud* Jiménez Millán, ed. 2006, 207-209.

GARCÍA LÓPEZ, José María (1999): «La poesía cíclica de Caballero Bonald», *Claves de la Razón Práctica*, 91, 56-62.

GARCÍA MONTERO, Luis GARCÍA MONTERO, Luis (1993): *Confesiones poéticas*, Granada: Diputación Provincial, Colección Maillot Amarillo.

–, (2001): «La lucidez y el óxido (Sobre la poesía de Caballero Bonald)», *Campo de Agramante*, 1, 17-23.

–, (2006): «El infractor», *El País*, Sevilla: 11 de noviembre, 32.

JIMÉNEZ MILLÁN, Antonio, ed. (2006): *José Manuel Caballero Bonald. Navegante solitario*, en *Litoral*, n. 242, Málaga: noviembre.

LANZ, Juan José (2000): «La presencia de Vicente Aleixandre en la poesía española», *Letras de Deusto*, 88, 39-79.

–, (2007): «Sobre los modos de la insumisión: *Manual de infractores*, de José Manuel Caballero Bonald», *Zurgai. Con José Manuel Caballero Bonald*, 104-108.

MORELLI, Gabriele (2008): *Poesia spagnola del Novecento. La Generazione del '50*, con la collaborazione di Annelisa Addolorato, Firenze: Le Lettere.

PAYERAS GRAU, María (1987): «J. M. Caballero Bonald, una poética del malevolismo», *Caligrama*, 2, 223-234.

–, (1997): *Memorias y suplantaciones. La obra poética de José Manuel Caballero Bonald*, Palma de Mallorca: Universitat de les Illes Balears, Prensa Universitaria.

PRIETO DE PAULA, Ángel L. (2007): «De la vida al poema, del poema a la vida: la materia biográfica de Caballero Bonald», *Zurgai. Con José Manuel Caballero Bonald*, 101-103.

RIMBAUD, Arthur (1996): *Poesías completas*, Edición bilingüe de Javier del Prado, Traducción de Javier del Prado, Madrid: Cátedra.

ROSALES, José Carlos (2006): «Infractores de Argónida», en Jiménez Millán, ed. 2006, 185-187.

SILVER, Philip W. (1985): *La casa de Anteo. Estudios de Poética Hispánica (De Antonio Machado a Claudio Rodríguez)*, Madrid: Taurus.

VILANOVA, Antonio (1954): «La poesía de José Manuel Caballero Bonald», *Destino*, 892, 24.

Ocaso en Manhattan: José Hierro

Julio Neira

En 1998, a punto de acabar el siglo que vio el encumbramiento de la ciudad de Nueva York como capital del mundo occidental y símbolo del sistema capitalista, hegemónico tras la caída del Muro de Berlín y el derrumbe estrepitoso de la Unión Soviética, José Hierro (1922-2002) publicó en Ediciones Hiperión su último libro, *Cuaderno de Nueva York*. Venía a culminar una serie muy rica de textos sobre la metrópolis que los poetas españoles habían realizado durante todo el siglo[1], convertida ya en tradición de nuestra lírica, cuyo primer exponente fue Rubén Darío con su poema «La gran cosmópolis. Meditaciones de la madrugada», fechado en diciembre de 1914[2]; pero que habían definido libros de singular importancia en la historia de la poesía española como *Diario de un poeta recién casado* (1917) de Juan Ramón Jiménez, y *Poeta en Nueva York* (1940) de Federico García Lorca.

Cuaderno de Nueva York alcanzó enseguida unas ventas inusitadas en un libro de poemas: 20.000 ejemplares en el primer año y trece ediciones en los diez siguientes lo han convertido sin lugar a dudas en «el mayor éxito de la poesía española de los últimos años»[3]. Para sorpresa de su autor, que declaró a Martín López-Vega: «Lo que no entiendo son las ediciones que lleva el libro, que se haya vendido tanto. Es algo que me resulta absoluta-

---

[1] *Vid.* Julio Neira, «Nueva York en la poesía española contemporánea», *Cuadernos Hispanoamericanos*, 709/710, (2009), págs. 99-132.

[2] Rubén Darío, *Obras completas I. Poesía*, ed. de Julio Ortega, Barcelona, Galaxia Gutenberg, 2007, págs. 1241-1242

[3] Pedro J. de la Peña, *José Hierro. Vida, obra y actitudes*, San Sebastián de los Reyes, Universidad Popular, 2009, pág. 244.

mente incomprensible.»[4]. Consiguió asimismo el favor de los críticos, y ese mismo año obtuvo el Premio de la Crítica y uno más tarde el Nacional de Poesía; así como de los especialistas académicos, que coinciden en señalarlo como uno de los poemarios más importantes de nuestra época.

La originalidad del libro se basa en tres aspectos fundamentales: expresa la vivencia de los lugares de la ciudad que a él le resultan más atractivos, como mera referencia local; aporta la superación de pasiones contrarias a la gran urbe, características del tratamiento del *topos* en la mayor parte de la poesía española precedente; refleja la admiración y la seducción vital por la ciudad y su mundo en los años noventa.[5] Su realismo poético supera cualquier referencia establecida. El poeta vive en la ciudad. Y lo más interesante de esta afirmación no es «la ciudad» sino «vive». Importa, habida cuenta de las anteriores anotaciones, reflejar la calidad y la intensidad de la poesía misma que este libro contiene. Y lo primero que llama la atención al lector es la estructura, sólidamente trabada, del poemario, que se compone de tres partes (tituladas y numeradas) un preludio y un epílogo. Las tres secciones llevan títulos y el recuerdo de un poeta español evidenciado en una cita que constituirá el espíritu ideológico de cada una de las tres partes: I. «Engaño es grande» (Lope de Vega); II. «Pecios de sombra» (Antonio Machado). III. «Por no acordarme» (Lope de Vega). Para Francisco Díaz de Castro se trata de uno de los libros de Hierro «más riguroso en su composición, más unitario en su sentido y en su expresión, escrito además con un evidente designio de novedad en muchos aspectos y, según la impresión que comunica, desde una dedicación intensa y absorbente».[6]

Según explica Pedro J. de la Peña, el libro no es el resultado de un viaje concreto a Nueva York, sino que habría ido fraguando en

---

[4] Martín López-Vega, «José Hierro: «La libertad absoluta puede ser angustiosa», *El Cultural*, 21-3-2001, pág. 13.

[5] *Víd.* Francisco Javier Díez de Revenga, «Carmen Conde, poeta en Nueva York», *Murgetana*, 118, (2008), pág. 158.

[6] Francisco Díaz de Castro, «*Cuaderno de Nueva York*», en Martín Muelas Herráiz y Juan José Gómez Brihuega, *Leer y entender la poesía: José Hierro*, Cuenca, Universidad de Castilla La Mancha, 2001, pág. 105.

varios sucesivos durante los últimos veinte años de su vida, en los que encontró la hospitalidad fraterna de los poetas José Olivio Jiménez –a quien le fue dedicado el libro– y Dionisio Cañas. En *Cuaderno de Nueva York* hallamos la vivencia real, física, de la ciudad en esos viajes; y también la huella literaria dejada en ella por quienes precedieron a Hierro: Rubén Darío, Juan Ramón y García Lorca, al que rinde homenaje en el poema «Oración en la Columbia University». Pero ya señaló Díaz de Castro que la Nueva York de este libro nada tiene que ver con el angustiado ámbito lorquiano, ni con pintoresquismo alguno. Sobre todo la metrópolis funciona como enorme escenario para una definitiva rendición de cuentas del poeta, consciente de que se halla en el ocaso de su vida, próximo al final, que se produciría efectivamente cuatro años después: «el libro es el reconocimiento del fracaso de vivir, de las esclavitudes de la vejez, de la insignificancia de los honores, de la paulatina proximidad de la muerte. Es, en definitiva, uno de los libros más dramáticos, hondos y tristes de la poesía española».[7] Rosa Navarro ha señalado que el nexo que vincula a los seres a los que Hierro da voz en los poemas (el judío superviviente de Buchenwald, Ezra Pound en el manicomio, el lutier Eisen, el shakespereano Lear, el padre colgado del olivo en «Oración en Columbia University», Beethoven ante el televisor, etc.,) «es su dolor, su condición de víctimas, su vejez: tienen en su rostro los mismos «zarpazos del tiempo» que el espejo refleja al hablar en él, el yo poético […] Peregrino solitario por las calles de la *ciudad*, asumiendo esa carga de dolor de seres destruidos, vencidos».[8] En efecto, se trata de auténtica poesía de *senectute*, pues, en el más estricto sentido del término, que se expresa con dolorida crudeza en el poema «Ballenas en Long Island»

Nueva York –y específicamente Manhattan– se presenta como una metáfora múltiple y ucrónica del sufrimiento humano, colectivo e individual. Según el mismo autor declaró, «Nueva York no es un tema original. He tomado la ciudad como un refugio, como

---

[7] Pedro de la Peña, *op. cit.*, pág. 244.
[8] Rosa Navarro Durán, «Historias de herrumbre y de musgo: *Cuaderno de Nueva York*», en Martín Muelas Herráiz y Juan José Gómez Brihuega, *op. cit.*, págs. 90, 98.

un fondo sobre el que coloco a seres de otros tiempos y espacios».[9] Y, en efecto, Dante, Shakespeare, Beethoven, Schubert, Mozart, Unamuno, Ezra Pound, Fernando de Rojas, Antonio Machado, Miguel de Molina, Quevedo, Gloria Fuertes, y siempre Lope de Vega, aparecen en sus páginas en tanto que son compañías irrenunciables del vivir del poeta y en ocasión sus alteregos, para salvar mediante un juego de sucesivas máscaras y alegorías la timidez congénita del poeta y hacer una definitiva recapitulación de la existencia. Rosa Navarro considera que Hierro elige Nueva York como escenario «para asumir el dolor de viejos seres dolientes desterrados, ensimismados, víctimas de sus semejantes, de la fortuna […] ciudad *sin historia* para el poeta».[10] Gonzalo Corona afirma que el motivo para la elección de Nueva York es su condición de «ciudad donde viven mil razas y mil culturas, que simboliza el mestizaje, pero también el desarraigo».[11] Y Díaz de Castro estima que «Nueva York aparece aquí más bien como el escenario paradigmático y representativo, al menos para nuestros ojos occidentales, del siglo que ahora termina, el nuevo «gran teatro del mundo», el «Gran Teatro de la Sombra», como dice el poeta en «La ventana indiscreta».».[12]

Y sin embargo el libro es también una crónica muy personal de concretas vivencias en la ciudad. Hay mucha autobiografía en él. Por lo pronto contiene una despedida muy explícita de una duradera relación amorosa, que debe hacernos considerar sus textos desde esa óptica:

No vine sólo por decirte
(aunque también) que no volveré nunca,
y que nunca podré olvidarte.
[…]
...He vivido días radiantes

---

[9] AA. VV., *José Hierro 1922-2002. La torre de los sueños*, Santander, Museo de Bellas Artes, 2004, pág. 577.
[10] Rosa Navarro Durán, *art. cit.*, pág. 97.
[11] Gonzalo Corona Marzol, (ed.), José Hierro, *Antología poética (1936-1998)*, Madrid, Austral, 1999, pág. 58.
[12] Francisco Díaz de Castro, *art. cit.*, pág. 108.

gracias a ti. Entre mis dedos se escurrían
cristalinas las horas, agua pura. Benditas sean.
                                   («En son de despedida»)

La presencia del tú carece de retórica. Se trata de una segunda
persona muy real, y no la personificación de la ciudad, como algunos han querido ver, pues esta aparece en tercera persona: «rodeo
luego la ciudad y su muralla de agua». Algunas otras evidencias
textuales pueden aducirse. Empezando por la dedicatoria del
libro, a la que antes hicimos referencia. Vale la pena recordarla: «A
/ José Olivio Jiménez / porque en su casa fraterna / – West Side,
90 Street– cercana al Hudson / se me apareció / mágicamente / la
ciudad de New York». Se trata del hogar compartido muchos
años por José Olivio Jiménez y Dionisio Cañas, que sirvió durante muchos años de lugar de acogida a los poetas españoles viaje-
ros en la ciudad, según recordó Dionisio Cañas en un texto publicado a propósito de la estancia de Claudio Rodríguez y su esposa
Clara Miranda. La figura del autor de *Cuanto sé de mí* es evocada
en estos términos: «Aquí, en este 215 West de la calle 90, donde
Pepe Hierro hizo el amor y soñó con la luz del abandono».[13] Y en
otro texto de Cañas posterior de título «El poeta como recién llegado» del libro *Fragmentos de Nueva York* (2009) leemos: «Vivir
en Nueva York no es igual que llegar a ella recién casado (como
Juan Ramón Jiménez), recién abandonado (como Federico García
Lorca) o recién enamorado (como José Hierro)». Tal vez por eso,
en el poema «Rapsodia en blue», Hierro cifra en esa dirección un
destino erótico para el personaje poético que deambula con exceso de alcohol por la noche neoyorquina:

He de recuperar la realidad
en la que yo no sea intruso
Así que pongo rumbo a la calle 90, o a la 69,
–nunca lo supe, o lo he olvidado–

---

[13] Dionisio Cañas, «Nueva York, 215 west de la calle 90 (con Claudio y
Clara)», *Zurgai*, 7 (2006), pág. 17. Este texto fue luego recogido con algunas
variantes en el libro *Y empezó a no hablar*, Ciudad Real, Almud Ediciones,
2008, pág. 23.

en el West Side donde algo prodigioso
pudo haber sucedido o podrá suceder.
Subo, Calisto, por la escala de seda
hasta la planta cuarta, o quinta, o décima.
Y la ventana está apagada. Y no está Melibea.

Como el personaje de *La Celestina* –cuya primera edición de
1499 se conserva en la Hispanic Society de Nueva York, según
nos recordará luego Francisco Ruiz Noguera en su libro *Otros
exilios*[14]–, el protagonista del poema busca a su amada en ese edi-
ficio *donde algo prodigioso pudo haber sucedido o podrá suceder.*
A esta luz, el magnífico poema «Baile a bordo» en el que la música clásica de Bach y el *jazz* de Mahalia Jackson contrastan y se
funden como emblemas del mestizaje que forma la sociedad neoyorquina, aspecto al que luego volveremos, es la narración de un
recorrido turístico fluvial en torno a Manhattan, un momento real
(«–veinte dólares, cena y baile incluidos–»), vivido con su amada,
levemente velado:

Tomo en mis brazos a la desconocida.
Mañana habremos vuelto cada uno a su tierra.
Pero ahora giramos, arrebatados por la música,
[...]
Alrededor, gira la ciudad, irrepetible,
giramos y giramos hasta morir,
porque al fin nos hemos descubierto.

En esta perspectiva el libro parece reflejar episodios reales de
esa relación mantenida a lo largo de muchos años: escenarios
como el *Kiss Bar*, donde beber el último whisky, o el *Santa Fé* ,
donde tomar la última margarita («En son de despedida») son
sitios donde la pareja acudiría, y las muchas referencias a los paseos por el East River, Central Park, etc., episodios de un amor de
senectud, clandestino, secreto (aunque a voces para los amigos de
Nueva York), que en sus últimos años Hierro quiere perpetuar en
su poesía:

---

[14] Francisco Ruiz Noguera, *Otros exilios*, Huelva, Diputación Provincial, 2010.

y yo lo necesito antes de que me vaya,
antes de que todo se evapore en la fragilidad de la memoria
                                    («Rapsodia en blue»).
Este es el sentido del tercer poema de la sección central,
    «Pecios de sombra»:

El amor estaba escondido
[...]
sino parpadeo de estrella
que no se extingue nunca. Llama
salvada de su acabamiento,
hecha presente para siempre.

Según afirma Pedro J. de la Peña, *Cuaderno de Nueva York* «esconde una confesión de culpabilidad, de infidelidades, de lamentaciones por no haber sido mejor padre de sus hijos, mejor amante de sus mujeres, más generoso y leal con quienes le quisieron en vida».[15] Pero por encima de su condición autobiográfica, en todo caso, versos como «La geometría de New York se arruga, / se reblandece como una medusa, / se curva, oscila, asciende, lo mismo que un tornado / vertiginosa y salomónica» del poema «Rapsodia en Blue» son la mejor declaración de que lugares como el cruce entre la calle Broadway y la Séptima Avenida, Central Park, las aguas del East River, las playas de Long Island o Columbia University son la metáfora perfecta también para representar la vida del hombre contemporáneo, la prueba de que el Gran Teatro del Mundo ha tomado la Gran Manzana como sede principal.

La visión de Nueva York de José Hierro es ante todo arquitectónica. En el libro abundan las perspectivas de los enormes edificios que el sujeto poético va descubriendo en su andadura, con imágenes de gran plasticidad, como la de ocaso sobre Manhattan y su reflejo en el Hudson, en «Rapsodia en blue», en la que encontramos colores característicos, como el violeta y el oro viejo, o la espectacular imagen de las ventanas iluminadas que define este paisaje urbano:

---

[15] Pedro de la Peña, *op. cit.*, pág. 291.

Los prismas de cristal, humo y estaño
se otoñan al atardecer y depositan,
sobre la seda fría y violeta del río,
monedas de oro viejo, de inmaterial cobre parpadeante.
La boca de la noche las engulle. Asaeteados
se desangran los edificios
por sus miles de heridas luminosas.
La ciudad, hechizada, se complace
en su imagen refleja, y se sueña a sí misma
transfigurada por la noche…

La imagen se repite en el poema «Apunte de paisaje». La dureza geométrica se dulcifica con la luz vespertina:

La lengua púrpura del atardecer
lame la curva de las lomas de plomo
y las convierte en carne tibia.

La écfrasis del atardecer de Manhattan es uno de los motivos más significativos de la poesía neoyorquina española. Ya Juan Ramón Jiménez utiliza la combinación del oro y el violeta, en diversas formas y gradaciones. En su *Diario…* hallamos «oros rosas de agonía» en el poema «LXXIV. New Sky», que describe una panorámica desde la cima del rascacielos Woolworth; «sol rojo» en «XCIX. Crepúsculo»; «al sol poniente que, como un caramelo grana…», en «CXXIV. Día de primavera en New Jersey»; «la belleza del sol rosa que se va […] Multiformes, multicolores y multiveloces, se van encendiendo sobre el cielo malva, en el que alguna estrella prende la luz del día, los anuncios», en «CXXXVIII. Tarde de primavera en la Quinta Avenida»; «el sol rojo y ópalo del muelle», en «CLIII. Víspera»; «el ocaso le proyecta a la noche, con focos malvas y de oro», en «CLIV. Puerto». Y años después, en el segundo fragmento de *Espacio*, «Cantada», escribirá:

En el jardín de St. John the Devine, los chopos verdes eran de Madrid; hablé con un perro y un gato en español; y los niños del coro, lengua eterna, igual del paraíso y de la luna, cantaban, con campanas de San Juan, en el rayo de sol derecho, vivo, donde el cielo flotaba hecho armonía violeta y oro; iris ideal que bajaba y subía, que bajaba... «Dulce como este sol era el amor.»

En la descripción de su llegada al puerto de Nueva York en 1947 publicada en *Ocnos* (1963) Luis Cernuda destacará sobre todo la impresión que le produce ese colorido característico que presenta la ciudad al atardecer:

Ya estaba allí: la línea de rascacielos sobre el mar, esbozo en matices de sutileza extraordinaria, un rosa, un lila, un violeta como los de la entraña en el caracol marino, todos emergiendo de un gris básico graduado desde el plomo al perla. La cresta de los edificios contra el cielo y el borde contiguo del cielo estaban marcados de amarillo por un sol invisible, y a un lado y a otro ese eje de luz se oscurecía con noche y con mar en lo más alto y lo más bajo del horizonte.[16]

Y por no alargar mucho la relación, recodaremos finalmente que Luis García Montero se ha referido con entusiasmo a ese momento del día neoyorquino: «Es difícil que el arte del siglo XX pueda dejarnos algo más bello que un atardecer en el puente de Brooklyn, mientras se encienden las luces de las oficinas y los reflejos de las ventanas se confunden con el violeta moribundo del cielo».[17] Imagen que el granadino recupera quince años después, en su último libro, *Un invierno propio* (2011), en el poema «Dar vueltas en la cama es perderse en el mundo», pues entre las cosas que más le conmueven, auténticos «sueños» de su vida, incluye:

El tigre que ha pasado por el puente de Brooklyn
para que se refleje su piel en los cristales
tardíos de Manhattan.

---

[16] Luis Cernuda, *Poesía completa*, Ed. de Derek Harris y Luis Maristany, Madrid, Siruela, 1993, vol. I, pág. 607.
[17] Luis García Montero, *Aguas territoriales*, Valencia, Pre-textos, 1996, pág. 29.

El escenario de la «línea del cielo» es descrito por José Hierro en el poema «Baile a bordo» como friso «majestuoso y geométrico», y mediante la metáfora de la ciudad como órgano, del que el Hudson sería el teclado y los rascacielos sus tubos, que «suben interminables y paralelos / hasta el umbral de las estrellas / agazapadas en la bruma». Aquí Hierro recuerda a Rubén Darío –de quien cita de memoria el inicio de «La gran cosmópolis»: «–casa de cuarenta pisos, servidumbre de color», errando en el número, que era cincuenta en el texto del nicaragüense. Como en «Cantando en Yiddish», rinde homenaje a José Martí, el pionero hispanoamericano de esta tradición que estudiamos: «…(Una luz azulada / ilumina, lunar, la mesa donde / *un hombre sincero de donde crece la palma* / cincelaba, tallaba, bruñía las palabras / más hermosas del español, las más recién nacidas / y las enfilaba en proclamas, esperanzas y nostalgia»). En este poema son dos las metáforas que describen la ciudad, ambas amenazantes, y angustiosas. A ras de suelo los edificios son vistos como «…desfiladero de acero y de cristal, / volúmenes impávidos»; desde el aire el trazado urbano parece la red de una araña. En «Hablando con Gloria Fuertes frente al Washington Bridge» la imagen arquitectónica expresa la ambivalencia que produce la monumentalidad del centro urbano: «entre los rascacielos de acero y miel». En «Cuplé para Miguel de Molina» reencontramos la imagen del viento y los rascacielos: «El viento caracolea / entre los prismas metálicos»; otro topos frecuente en los poemas sobre Nueva York. Así, Jorge Guillén escribe en «El viento, el viento», poema de *Maremagnum* (1957): «El viento de Nueva York / Es su río en ascensor». Y Rafael Alberti en *Versos sueltos de cada día* (1982): «Aquí no baja el viento, /se queda aquí en las torres, en las largas alturas, / que un día caerán, / batidas, arrasadas de su propia ufanía.». Imagen que luego empleará Lorenzo Oliván en «Equilibrios: Nueva York» de su *Libro de los elementos* (2004), donde se hace presente la tensión entre gravedad y sentido ascensional: «Desde el suelo, una fuerza de cristales, / vertical, busca hundirse / en las cimas del viento. / A ras de la pared, miras lo alto / y tus ojos gozosamente apuran / fachadas imposibles.»

En «A orillas del East River» leemos: «Contra las estructuras / de metal y de vidrio nocturno / rebotan las palabras aún sin forma». Como vemos, no hay en Hierro una actitud negativa ni preconcebida hacia el escenario geométrico de Nueva York: describe la sensación que su forma (prismas o tubos) le produce, y está bastante en función de los efectos de la luz sobre ellos y de su estado anímico. Y no cabe duda que en función del punto de vista desde el que se contemplen pueden producir temor y angustia o una sensación de belleza difícilmente igualable.

Pero la Nueva York de Hierro es sobre todo musical, o para ser más exactos, la música es la principal forma de conocimiento y de explicación de la ciudad en el libro, como ya señaló Díaz de Castro. Hay una banda sonora en los paseos y en los poemas de este *Cuaderno*, porque la música acompañó su vivencia neoyorquina. Bastaría como prueba los títulos de algunos poemas («Rapsodia en blue», «El laúd», «Beethoven ante el televisor», «Adagio para Franz Schubert», «A contratiempo», «Alma Mahler Hotel», «Cuplé para Miguel de Molina», «En son de despedida»), o las referencias en su interior a Mozart en el primero y a Juan Sebastián Bach en «Baile a bordo». En estos dos textos con diferente intensidad se aborda la naturaleza del mundo neoyorquino mediante la fusión de la tradición europea y la tradición africana. En «Rapsodia en blue» vemos cómo el resultado es la transformación del *oboe* mozartiano en el *clarinete* del mundo del *jazz*, y en la pasión por el ritmo que contagia toda la ciudad, repleta de músicos callejeros que tocan cualquier instrumento improvisado: el músico harapiento que arranca con dos palos

> sonidos de marimba o de vibráfono
> a una olla de cobre… el que golpea
> con las palmas de las manos,
> a la puerta del supermarket,
> embalajes vacíos en los que dormitaban
> ritmos feroces de la jungla…

En «Baile a bordo» está más desarrollado el mismo concepto de metamorfosis musical por el mestizaje entre la tradición musical europea y los ritmos africanos. La fusión entre la música de Bach y Mahalia Jackson, tan opuestos en concepto, es la metáfora de la Nueva York multifacética e irreductible a esquema. La música de Bach es armoniosa, «bien temperada», domada por las matemáticas), prisionera «en las rejas del pentagrama»; mientras que la que canta Mahalia Jackson es la de «...la africana esclava / en cuya sangre se disuelve / el gemido de los azotados, / encadenados, des-selvados». Frente al método cerebral y la disciplina del alemán («las barras del compás, la norma, el orden»), hallamos en la voz de Mahalia una libertad salvaje que no se somete a frías reglas matemáticas («...la vaharada de león y buitre, / de flores podridas y de insectos feroces, / la síncopa, el jadeo, la agonía del swing, / y los gritos no temperados, / el ritmo libre como el oleaje»). Por eso Nueva York es «...órgano, selva de metal y luz y escalofrío». Y oyendo a la gran diva del *jazz* se transforma:

El friso de Nueva York, majestuoso y geométrico
es ahora jungla...

La riqueza del libro en contenido y recursos estéticos es tanta que un análisis amplio exigiría un espacio del que no disponemos. Son de gran interés, por ejemplo, la herencia europea implantada en América, a veces por la fuerza del dinero: «El laúd», «Los claustros», la cabra de Picasso que adorna el jardín del MOMA en «Oración en Columbia University». Esta escultura que ha inspirado varios poemas, como «Museo» del libro *Los asombros* (1996) del almeriense Julio Alfredo Egea, o «La cabra de Picasso», de Francisco Ruiz Noguera en *Otros exilios* (2010). Los homenajes a compositores ya citados, y a escritores: poemas a Ezra Pound, a Gloria Fuertes, así como las numerosas referencias intertextuales algunas señaladas en cursiva (como los becquerianos *«Abanicos de plumas y de oro»* de la Rima XL, y *«rumor de besos y batir de alas»* de la Rima X, en «Adagio para Frank Schubert»), otras no (el «pichón de nieve» de «Villancico en Central Park» nos recuerda el lorquiano «Soneto gongorino en que el poeta manda a su amor una paloma»), sin olvidar la presencia de Shakespeare en el poema «Lear King en los claustros», etc., dan una dimensión al libro que nos permite considerarlo como el cierre de la disyuntiva entre lírica culturalista y lírica experiencial que venía planteándose en el último tercio del siglo. Uno de los grandes exponentes de la llamada poesía social demuestra que la cultura es también vida y las referencias culturales nos sirven para expresar los problemas de nuestra existencia personal e incluso para denunciar las condiciones de la sociedad. «No sólo no hay culturalismo de oropel en estos poemas: tampoco hay en ellos exotismos ni rebusca léxica. Hierro necesita las palabras vividas para esta forma de escritura que invita a escuchar tanto como a leer, de acuerdo con la opinión del poeta de que «la poesía cuando se entiende mejor es cuando se escucha».», concluye Francisco Díaz de Castro.[18]

Son muchos los aspectos que una lectura atenta de *Cuaderno de Nueva York* sugiere. Nos limitaremos a considerar brevemente ahora su tratamiento del *topos* Nueva York. Y en este sentido hay subtemas que no pueden obviarse, como el paisaje humano de la ciudad y su vida cotidiana. El propósito de *Cuaderno de Nueva York* no es la crítica política ni la denuncia social explícita. José Hierro sabía que en la poesía española se había hecho ya y con resultados difícilmente igualables. No era esa su intención; pero en sus poemas no puede dejar de mostrar la realidad de las víctimas del sistema que constituye la ciudad. Empieza por el principio. En «Rapsodia en blue», por tantas razones un texto fundamental, evoca el origen de la población negra, procedente de África, y su pasado de esclavitud, simbolizada por la música del *jazz*, que explica su presente conflictivo:

El clarinete suena ahora
al otro lado del océano de los años.
Varó en las playas tórridas de los algodonales.
Allí murió muertes ajenas y vivió desamparos.
Se sometió y sufrió, pero se rebeló.
Por eso canta ahora, desesperanzado y futuro,
con alarido de sirena de ambulancia
o de coche de la policía.
Suena hermoso y terrible.

En «Baile a bordo» insiste en el tráfico de esclavos, que llegaban «hacinados en las sentinas tórridas / de los barcos de asfixia,

---

[18] Francisco Díaz de Castro, *art. cit.*, pág. 109.

vómito y látigo, / sobre las olas repetidas y sobrecogedoras, / hasta aportar a los algodonales / del doloroso y hondo Sur!». El sistema es tan exigente que muchos no pueden seguir su ritmo. Los excluidos buscan en las calles un hueco donde cobijarse. Vagabundos, personas sin techo, que el protagonista del alucinado paseo «Rapsodia en blue» halla en su recorrido:

… Los últimos murciélagos
con alas de cartón acanalado y destellos de fósforo,
amortaja la ciudad. Luego, regresan
a las cuevas de los contendores.

El final de este poema parafrasea el final del conocido soneto de Bartolomé Leonardo de Argensola «A una dama que se afeitaba»:

Porque ese cielo azul que todos vemos
ni es cielo ni es azul. ¡Lástima grande
que no sea verdad tanta belleza!

Colofón de la denuncia barroca de la afectación, del engaño, de la suplantación de lo natural por la apariencia de lo artificioso, que José Hierro, gran conocedor de los clásicos, utiliza para concluir su visión de la vida neoyorquina parafraseado en:

…Sobre la orilla de la playa
del alba de la bajamar brilla el azul del cielo.
¡Lástima grande que haya sido verdad tanta tristeza!

«Cantando en yiddish» comienza con el estremecedor verso «He aprendido a no recordar». Son otras víctimas, las del Holocausto, las que toman voz en los versos de Hierro. Y en este poema leemos una escena de vida cotidiana, de aglomeración callejera, en la que volvemos a encontrar un vagabundo, aparentemente enajenado o extravagante, que reclama la reacción ciudadana contra la extinción de las indefensas criaturas de la Naturaleza, a manos del lujo consumista, en un escenario de por sí insostenible:

Palpita, parpadea la ciudad, incendiada de flores,
frutas, envases de cartón, latas, botellas vacías.
En los acuarios de los escaparates nadan
los maniquíes calvos y desnudos
o cubiertos de tules, linos, pieles
(¡salvad a los visones, a las chinchillas, a los leopardos!
reza un cartel, portado –igual que un estandarte–
por un hombre andrajoso).

Se trata de la versión más contemporánea de la denuncia ecológica que impregna buena parte de los poemas españoles sobre Nueva York a lo largo de todo el siglo desde el fundacional *Poeta en Nueva York*. Tradición a la que con este libro se incorporó José Hierro en lugar muy eminente. Por eso no hemos de fiarnos de sus declaraciones, en las que con su humildad casi patológica quitaba importancia al papel de la ciudad en el libro. En la citada entrevista de 2001 a la afirmación de que el suyo no trataba sobre Nueva York, contestó: «Nueva York es un balcón al que asomarse para hablar de los temas de siempre: el amor, la muerte, las moscas, y para escuchar cómo canta Miguel de Molina»[19]. Entre líneas debemos leer la confesión, bajo un aparente velo de superficialidad, de la indudable trascendencia del poemario en su trayectoria: Nueva York fue el balcón desde el que José Hierro contempló el ocaso y recapituló su vida, iluminado por la luz púrpura de un último amor que le obligó a emprender la tarea

de racionalizar, interpretar, reconstruir y desandar
aquellas fábulas y hechizos
que gracias a ti fueron realidad.
                    («En son de despedida»).

---

[19] Martín López-Vega, *art. cit.*, pág. 13.

amantes
W.L. / cemento /
1918

Cabeza
de pensador
W.L. / Cemento / 18

Madre
e hijo
W.L. / Bronce / 1918

Wilhem Lehmbruck

Pueblos perdidos y literatura

Ramón Acín

El abandono de núcleos habitados es una constante histórica. Ha sucedido, sucede y sucederá en cualquier parte del mundo. Pero, desde mediados del pasado siglo XX, este fenómeno, en determinadas zonas de España –caso de Aragón–, ha alcanzado cotas elevadísimas. No se trata sólo del influjo creativo que destilan unas circunstancias físicas por las que el interior de la peninsula ibérica casi se ha vaciado al desplazarse su población hacia la periferia o por las que el mundo rural, desde mediados del siglo XX, ha acudido al reclamo de lo urbano, sino que, sobre todo, importa mucho el hecho de que el mundo rural, asentado en una tradición de siglos, ha sido, en gran medida, engullido, absorbido o recubierto por lo urbano. Es decir, el elevado y obligado trasiego de habitantes con su proceso de mimesis consiguiente, conllevan la pérdida de identidad y de memoria, temáticas que son muy propicias para la literatura, la etnografía, la investigación, el diario de viajes o, entre otras formas de creación, el guión (1).

1. DE LO QUE APORTÓ Y APORTA EL PENSAMIENTO

Pero, aunque esta temática del abandono parezca novedosa en la actual literatura española, no lo es. Con ser clave en varias manifestaciones de nuestra reciente narrativa, además de anclar sus raíces en una fuerte problemática social –y, lógicamente, anímica–, posee también otros asideros como los que provienen de la historia y del pensamiento. Así, junto a su larga estela que mana caudalosa desde las literaturas clásicas, griega y romana –bucolismo, por ejemplo–, existen apoyos fecundos como son los soportes filosóficos nacidos con el movimiento romántico que cambiaron el concepto de la naturaleza incluso en el mismo mundo rural. Y, en especial, su concepción de la vida en montañas, valles y parajes incomunicados o agrestes.

La naturaleza, con el romanticismo, comienza a perder la condición inhóspita que le es consustancial –orografía adversa, cerrazón ambiental y comunicativa, etc.–, incluso para la vida de quienes en ella habitan. Desde el exterior, junto a una patina de exotismo, el mundo rural es visto como una realidad positiva para el hombre, dado que permite no sólo subsistir, sino disfrutar de la belleza del paisaje, de lo peculiar de su clima, vivir en paz y alejado de tráfago… Es decir, un disfrute espiritual que se robustece al socaire del ocio de la sociedad burguesa, cada vez más poderosa a partir del siglo XIX, y que comparte el humus que alimentó a los viejos conceptos de carácter idílico –entre ellos, el clásico, *fons vitae*– por los que el mundo rural posibilita la subsistencia gracias a los recursos necesarios que se dan en sociedad agrosilbopastoril.

El disfrute de este paisaje y de la sociedad que encierra –pureza de costumbres– es lo que atrajo la atención de escritores y artistas, quienes retrataron y describieron la naturaleza en sus obras como el ejemplo más puro de vida, pero, también, como el complemento del ocio en una sociedad atomizada en la ciudad. En gran medida, por todo ello, a lo largo del siglo XX, acompañando a conceptos del ocio o del bien común, los valles y las montañas pasan a ser realidades positivas a la vez que temas de corte artístico. Se trata de enfoques literarios que podrían denominarse como *«paisaje idílico»;* enfoques que se agrandan temáticamente en nuestra narrativa reciente mediante nuevas miradas en su captación artística que responden a conceptos de *«paisaje codiciado»* y *«paisaje abandonado».*

El primer concepto, *«paisaje codiciado»* contiene la *denuncia artística.* Una denuncia que surge frente a los abusos de la especulación destructiva –sea estatal, caso de pantanos, sea privada, caso de urbanizaciones– y que, consecuentemente, se convierte en apoyo a su conservación (Parques nacionales, por ejemplo). Este enfoque, visible en la época del realismo social, saca a flote, entre otras muchas problemáticas, el choque entre lo rural y lo urbano.

El segundo, *«paisaje abandonado»,* permite la *evocación literaria* que, con nostalgia o sin ella, nace frente al abandono de un territorio y de sus formas de vida. Un abandono que es producto del declive sufrido por el mundo agro-silbo-pastoril conforme avanza el siglo XX y que empuja hacia la emigración buscando una subsistencia más fácil, como la ofrecida por la ciudad y sus industrias. Un declive que también se acelera con otras realidades sociales menos individuales y más abstractas como, por ejemplo, la imposición estatal o económica. Así nace el *«paisaje del abandono»*, esencia de la temática del despoblado como «paraíso perdido» para algunos escritores españoles del último tercio de siglo XX.

2. DE LO QUE TRASMITE LA HISTORIA MÁS RECIENTE

Actualmente, en la Península Ibérica, las causas tradicionales para que un núcleo habitado sufra su abandono y desaparición –merma de su condición estratégica, azote de pestes y hambrunas o efectos de la guerra, entre otros condicionantes–, apenas tienen que ver con la elevada casuística y con la cuantía del fenómeno. Las circunstancias son nuevas. Como también son nuevos o distintos los modos y formas del abandono. Así, frente al aspecto puntual o la lenta progresión de un deshabitado en épocas pasadas, hoy esta probemática conlleva una velocidad destructiva, además de nuevas y variadas circunstancias. Por otra parte, es también diferente su fuerza, manera de producirse y sus consecuencias. Frente a la *«visibilidad» y «azar»* de tragedias naturales, plagas, guerras o de otras causas históricas del despoblado, hoy abunda la inquietante *«invisibilidad»*, de enorme y perverso empuje, que acompaña a las disposiciones estatales o a los condicionantes sociales que, para tensión dramática, se asientan en banderas de progreso, del «bien común», del interés nacional –obras hidráulicas, repoblación en función de empresas papeleras, etc.– o del rendimiento económico –urbanizaciones, minusvaloración de la economía agro-pastoril…–.

Se trata de un cambio trascendental: la acción de la naturaleza y del lógico devenir temporal o histórico han sido sustituidas por la acción enérgica del hombre. Y con ello, la implicación y las resultantes también son muy diferentes para quienes padecen el obligado abandono. No posee la misma intensidad lo azaroso de una tragedia natural que la interesada maquinación del hombre. Como tampoco es lo mismo aceptar el destino –*fatum*– que claudicar ante imposiciones. Y es diferente porque los condicionantes y disposiciones dependientes del hombre suelen obviar las implicaciones humanas, culturales y sociales que conlleva la desaparición por la fuerza de un conjunto humano. Una desaparición que, además, suele estar tensionada por la presión ejercida sobre los individuos desplazados, mediante el uso de ideas tendentes a lo general y colectivo –el interés general, desarrollo, progreso...– que crean problemas de conciencia –falsa insolidaridad, por ejemplo– y que se suman al dolor, la resignación, la tristeza, la perdida de la identidad histórica o, entre otras, el abandono de lo propio –incluidos los muertos familiares–. Todo ello sirve al tratamiento del despoblado como «paraiso perdido» en la narrativa española del último tercio del siglo XX.

Con lo anterior suele aflorar la lucha individual –que también puede ser grupal– entre la añoranza de lo perdido y la necesidad de que ese espacio perdido –y abandonado– permanezca en la memoria para, así, evitar que la muerte y el olvido sean definitivos. Y en esta lucha, la palabra escrita, la literatura, actúa como factor básico de permanencia y como elemento indispensable, tanto para la reflexión como para la cauterización de heridas.

En todo ello echa raíces el tratamiento literario de los despoblados. Un tratamiento que es vital para el creador, a la vez que, también, lo es para el lector. Es decir, la temática de los despoblados contiene una comunión de intereses entre creador y lector que explica tanto su tratamiento como su relativo éxito en la reciente literatura española. Pues ambos –tanto creador como lector– son protagonistas y participes del problema.

Por un lado, son participes y protagonistas porque, ambos han podido sufrir en sus carnes la pérdida de su espacio vital y el traslado impuesto a un espacio, nuevo y desconocido, con toda la problemática vital y personal que conlleva, desarraigo incluido. Es decir, que la vivencia de un amplio arco de sentimientos y de problemas puede convertirse en tema literario. Un arco que abarca desde la denuncia más realista al lirismo más íntimo. Y, con este arco, también el abanico amplio de su casuística. Una casuística que va desde lo social –despoblación, desarrollismo y mecanización del campo, atracción de la ciudad, política hidráulica, política forestal, etc.– a lo político –guerra civil y maquis de posguerra, inmigración– o lo natural –orografía, aislamiento–, aportando nuevos filones temáticos. En suma, un conglomerado de sentimientos que son usados por una generación de escritores que, casualmente, han nacido alrededor de los años 50 del siglo XX cuando comienza con fuerza el éxodo rural. Escritores que recuperan y mantienen, con la palabra literaria, la memoria que es común a toda una generación: la del abandono de sus espacios rurales que les vieron nacer y donde desarrollaron su infancia y adolescencia.

Por otro lado, porque, como mínimo, pese a la singularidad de cada caso, todo despoblado contiene elementos vitales y universales que propician su uso literario y su asunción lectora. Basta pensar en la universalidad lietararia de la destrucción de un espacio otrora lleno de vida, en la alteración del paisaje, en el desarraigo –emocional y vital– de los habitantes que son trasladados a una nueva y desconocida ubicación, en la pérdida de la memoria colectiva e individual que conlleva el abandono, en la presencia de la soledad y de la muerte…, pero, a la vez, también, en la perversidad de la codicia y de la especulación que envuelve bastantes de las causas e intereses sociales –pantanos, obras públicas, propuestas de ocio…– y que, en culaquier lugar puede empujar al abandono de un espacio habitado.

Finalmente, el abandono de núcleos habitados no es un único tema literario, sino un cúmulo de temas. Como tampoco puede ser la sola imagen de una arquitectura engullida por la vegetación que permite ver no sólo retazos de una historia y una vida latiendo en el pasado, sino que permite ver la historia y la vida mismas.

3. LA LITERATURA DEL DESPOBLADO. BREVES NOTAS SOBRE ARAGÓN

Evocación, nostalgia/melancolía y memoria es una triada clave para definir la activa presencia de esta temática en varias obras narrativas que, con atmósfera y problemática similar, surgen en la reciente narrativa española. Son obras que siempre abordan el abandono de un paraíso perdido. Es decir, obras que indagan en espacios que han sido abandonados y que, físicamente, han desaparecido o están a punto de desaparecer. Y esa misma triada de evocación, nostalgia y memoria es lo que, también, como ya se ha dicho, conforma el humus básico de su aceptación por un público lector.

Las formas de atrapar esta literatura de la memoria son diversas, pero, sobre todas, destaca el tratamiento del abandono forzado. España, a partir de los años 60 del siglo XX, sufrió un proceso de despoblación y de aculturamiento del medio rural. En la mayoría de los casos, este proceso fue impuesto y sus gentes arrancadas del territorio dejando atrás su identidad y su mundo. Esta imposición forzada –que conlleva el abandono de lo propio y la desaparición del territorio personal– es lo que permite a determinados autores la evocación del «paraiso perdido» y, mediante la memoria creativa, su mantenimiento en el imaginario colectivo. Los triunfos de *La lluvia amarilla* (Seix Barral, 1988) o de *Cami de sirga* (La Magrana, 1988) –junto a sus intrínsecos valores estéticos y literarios– son, sin duda, fruto de esta realidad. Y, también, la aparición posterior de otras muchas novelas con parecidas problemáticas –cosntrucción de pantanos en nombre del progreso, la fuerza de lo urbano, la concentración y globalización de la producción que destroza lo agropecuario, etc.– cuyos paisajes y paisanajes de antaño tienen hoy vida únicamente en la literatura. Son novelas que, por supuesto, en su mayoría, han sido creadas por escritores nacidos en el mundo rural pero que viven su madurez en la gran ciudad (Llamazares, Moncada…).

Pese a esta fuerte presencia actual del tema en nuestra literatura no significa que, antes de estos escritores y de estas fechas, en nuestra Historia literaria, no existiera el tratamiento temático del despoblado. Eulalia Galvarriato, compañera de la «Generación del 27» y esposa de Dámaso Alonso, con algunos relatos de *Raíces bajo el tiempo* (reedición en Destino, 1985), Ildefonso M. Gil, formante de la «Generación del 36» (*Pueblonuevo*, Aguilar, 1965) o de Santiago Lorén (*El pantano*, Plaza & Janés, 1968) y algunas novelas del «realismo social» son algunos de los estos ejemplos previos que, además, coinciden con el momento del abandono del mundo rural.

Con todo, en la fuerte presencia de esta temática en la narrativa reciente, hay que resaltar el empuje que suponen las novelas de Jonh Berger (*Puerca tierra, Una vez Europa, Lila y Flag*. Alfaguara, 2006, 200, 1992, respectivamente) y de Julio Llamazares (sobre todo, *La lluvia amarilla*), sin duda, los máximos referentes universales de este filón literario y de su éxito. Desde perspectivas bien distintas, el abandono del mundo rural aparece en toda su intensidad. Berger, con realismo, fotografía y analiza el universo rural desde distintas perspectivas. Si *Puerca Tierra* habla de la desaparición de la vida tradicional en los pueblos, *Una vez Europa* va más allá y busca las causas del declive, indagando en la influencia corrosiva del pensamiento urbano; una influencia que conlleva el cambio de vida y el desarraigo del campesinado (*Lila y Flag*). Por su parte, Julio Llamazares radiografía el problema desde una vertiente lirica que, con la intensidad del aleteo permanente de la muerte, camina sobre problemáticas físicas como aislamiento, pobreza, supervivencia, emigración… a la vez que da entrada a circunstancias espirituales como la degradación vital de la conciencia y la fuerza de la soledad.

Entre las varias causas, específicas del tema y de su uso literario en España, ya sea central o tangencialmente, destaca la derivada de los efectos de la Guerra Civil y su posguerra. En especial, la temática del *maquis* por tierras aragonesas y levantinas. Lo agreste de sus montañas –Pirineos y, en particular, la Cordillera Ibérica– sirvió de refugio a los republicanos que, desde finales de la Segunda Guerra Mundial, se dedicaron a acechar al régimen franquista. El apoyo popular a la guerrilla fue combatido por el poder franquista con una política de terror que, entre sus medidas, obligaba a los habitantes de los *mas* (masías dispersas por sierras, valles y vallezuelos) a pernoctar en grandes poblaciones. La medida trajo consigo la decadencia paulatina de la secular economía agro-pastoril y el abandono de los *mas*, especialmente en la zona del Bajo Aragón y Maestrazgo turolense y levantino. La imposición de la medida agudiza, sin duda, la sensación de «paraiso perdido». Como ejemplos de este tratamiento puede citarse *El fragor del agua,* de José Giménez Corbatón (Anaya & Mario Muchnik,

1993), *El color del crepúsculo* (Montesinos, 1995), algo de *Maquis (Montesinos, 1997)* y de *La noche inmóvil* (1999) de Alfons Cervera. También, pese a la menor incidencia en el tema, *Siempre quedará París* (Ramón Acín, Algaida, 2005) que al igual que *Luna de lobos* (J. Llamazares, Seix Barral, 1985) en tierras leonesas y cantabras, centra más su tratamiento temático en las circunstancias ideológicas, bélicas y vitales.

La política hidráulica y la política forestal conforman otro de los grandes bloques temáticos del despoblado. Sin duda, la obra más representativa es *Cami de sirga*, de Jesús Moncada, cuya novela comienza con el «ahora» de 1970, fecha de la primera explosión que pone fin a la vieja Mequinenza y que, así, corona la definitiva construcción del pantano. Con esa explosión nace el «fash back» que recupera el pasado de la Mequinenza de siempre, con su vida, su paisanaje, su paisaje y su historia que el agua va a sumergir. Junto a *Cami de sirga*, también los relatos que componen *El cafè de la Granota* (Les ales esteses, 1985) e *Històries de la mà esquerra* (Les ales esteses, 1981), precedentes claros de la novela. Una recuperación de la memoria individual que deviene en colectiva muy similar a la que Julio Llamazares realiza en el guión cinematográfico *Retrato del bañista* (1984) donde evoca el Vegamián de su infancia, yacente bajo las aguas del pantano de Riaño. La novela *Muerde el silencio* (Algaida, 2007) y el dietario *Aunque de nada sirva* (Mira, 1995) de Ramón Acín, indagan, respectivamente, los efectos de los pantanos por tierras del valle de Tena y la Ribera de Fiscal, en el Pirineo oscense. Asimismo, a medio camino de las obras hidráulicas, las obras del ferrocarril de Canfranc y el impacto de la gran ciudad, muchos de los fragmentos de *El fotógrafo descansado* (Diseño Editorial, 1992), de José Antonio Biosca, quien ubica su novela en el espacio de la Garcipollera, en la comarca de Jaca (Huesca).

Otros aspectos como la emigración, la búsqueda de una vida menos difícil, la huida del aislamiento y el declive de la sociedad tradicional del campo, la atracción de la ciudad y sus «polos de desarrollo»… conforman el quicio de obras como las novelas *El pueblo que se vendió* (1978, Bruguera), de Alfonso Zapater; *El Hierro en la Ijada* (Mira, 1992), de Clemente Alonso; de libros de relatos como *Pirineos, tristes montes* (Edición del autor, 1990), de

Severino Pallaruelo, *Pirineo de boj* (1999, Prames), de Enrique Satué o *Días de cierzo,* de Elifio Feliz de Vargas (2006, Premio narrativa Comarca del Maestrazgo); de libros de viaje como *Teruel Adentro* (1985, DGA), de Clemente Alonso Crespo... Un conjunto rico y variado, relativo al territorio aragonés que tiene un tratamiento parelelo en Catañuña –*Camins de quietud: Un recorergut literari per pobles abandonats del Pirineu* (Edicions 62, 2011), de María Barbal, novelas de Pep Coll–, en tierras de Soria –piénsese en Avelino Hernández: *La sierra del alba, ¿No oyes el canto de la paloma?*– o, por ejemplo, castellano-leonesas, todas también fuertemente atacadas por la despoblación sufrida en el siglo XX.

Notas:

(1) A modo de ejemplo en tierras aragonesas:
– Diarios, dietarios, cuadernos de viaje y apuntes etnográficos:
El Pirineo abandonado (1984, Diputación General de Aragón) y
    Ainielle: la memoria amarilla (2003),de Enrique Satué Olvián;
    Las otras lluvias (1994, Ibercaja) y *Paisajes con memoria; viaje
    a los deshabitados del Alto Aragón* (1997, Prames), de José Luis
    Acín; *Excursiones por los pueblos perdidos de Navarra* (2001),
    de José María Feliu; *Jánovas; víctimas de un pantano* (2004,
    Ibercaja), de Marisancho Mejón; *Los pueblos dormidos* (2010,
    Rolde), de Elisa Plana –textos–, Alfonso López y Eduardo
    garcñia –fotografías– .
– Investigaciones:
*Pueblos deshabitados del Alto Aragón: estudio de la comarca del
    Sobrarbe* (1983, Colegio de Arquitectos de Aragón), de Pedro
    Miguel Bernard y José Manuel Castellano Oñate; *La Solana:
    vida cotidiana en un valle altoaragonés* (199, edición del autor);
– Vídeos:
¿Por qué dixamos o nuestro lugar? (Ed. Autor, 2003), de Carlos
    Baselga; *Pueblos fantasmas* (Universidad de Toulousse, 2002),
    de José Mª Cuesta y Jean Jiménez.

Wilhelm Lehmbruck   Caïde   Bronce   1915

Todo está al otro lado de la noche

Hugo Mujica

En el caminar algunos
Llegan al portal por senderos oscuros.
Georg Trakl

I

Puerta que cierra y abre
para que tu sombra no pueda entrar
Y así seguir sumidos en la luz
que todo lo embrutece

Con estas cuatro líneas comienza el libro que nos ocupa, se enciende la *medianoche* que buscaremos no *analizar*, ni siquiera *interpretar*, sino vislumbrar, el libro de Víctor Rodríguez Núñez, el de sus *Actas de medianoche*, su contemporáneo *remake* –valga el término– del combate más prístino y constitutivo de la condición humana: el de la luz y las tinieblas, el del misterio y la comprensión.

Sale y entra la noche
por las hendijas de tu corazón

ese vaivén de puertas, esta alternancia interior entre luz y sombra, día y noche, luz «que todo lo embrutece» y «sombra que se espiritualiza», será el itinerario, la *catábasis* que nos relata este poemario: su descenso al corazón de la noche, la cósmica, la ontológica, la histórica, pero sobre todo y aunándolas, la suya, la de este libro: la de la palabra y la experiencia poética... Palabra poética, y por poética, que enciende su sentido sin apagar su noche, que trae a la luz de la palabra pero custodiando su sombra, protegiendo su *medianoche,* su misterio de fecundidad, de creación.

El poeta en el que estamos adentrándonos no busca el autoconocimiento complaciente, el que lo confirme y afirme; tampoco las conquistas psicológicas con las que demorarse mirándose en su propio reflejo, ni disquisiciones filosóficas que alaben su inteligencia; busca la poesía y, llevado por ella, se inicia en lo inicial de toda poesía: «en el principio era la noche», dice la cosmogonía de los seguidores de Orfeo, padre y arquetipo poético. Se trata de la develación en y mediante lo nocturno, tradición órfica –dijimos– pero no excluyente, también es la de gran parte de los pensadores presocráticos y de la frondosa tradición mística del cristianismo griego de los primeros siglos: la tradición *apofática, sin-luz,* la senda de los que nos han contado que ver es ver lo invisible, que ver en la noche no es no ver, es ver la noche, contemplar lo que la luz vela:

> Una luz que se apaga
> te deja verlo todo
> En un solo
> irreprochable instante sin fin

nos confirma nuestro autor.

«Una luz que se apaga/ debe cambiarlo todo». No es un mero verso, dos simple líneas, es una advertencia, un llamado a mirar la noche, a seguir leyendo adentrándose.

> Una luz que se apaga
> tan próxima que nadie puede verla encenderse
> tan remota que está dentro de ti

y todo, por dentro y por fuera, cambia: «me deshago del ser/ me diferencio/ grano de oscuridad», cambia la percepción de sí.

«¿Acaso acabaré siendo sombra?», se pregunta para contestarse: «Desde este instante ya no soy la noche/ Me deshice de todo/ Borré su claridad/ abrí su círculo». Pero es una presunción, una bravuconada, apenas comienza el libro, recién emprende su errancia, y la noche aún tiene tanto más que mostrar, mucho más que revelar. Recién ahora se abre el círculo de la noche, la esfera que encierra, y la noche es precisamente lo abierto, lo ilimitado: «zarpo a ver si la noche tiene orillas»…

Y el libro sigue, el poeta nombra: «lluvia», «sol», «viento», «tormenta», «brisa», «neblina» y «penumbra», «nieve», «luceros» y «estrellas», «árboles» y «bosques», «flor de cactus» y «de pascua», «arena», «lirios», «nubes», «centellas», «hielo» y «granizo», «el perro», «la ardilla» y «las ranas»… y «un venado», un venado que de tanto en tanto recorre las líneas… El día y la noche se pueblan, todo desfila, todo es nombrado, pero «los elementos se revelan»… pero no era eso, no era lo que la luz deja ver, lo que, confiesa dolido, era «mi falso jardín», la tentación de pisar el jardín sin atravesar lo perdido. Por eso la ausencia llama, la sed sigue, el libro es otra vez exilio: «Llueve como si fuera/ la primera vez o como la última», «Llueve y muero de sed»…

Y los versos se suceden, la noche, se enriquece, se puebla, se escucha: «Ese raro concierto que es la noche/ si se empieza a vivir». El poeta sabe que «la noche es lucidez más compasiva/ sin brazos en cruz», sabe que «la sombra siempre tiene la razón». Es la otra razón, la poética, la que se sustrae y así llama, llama a crearla, a armarla:

Armo el rompecabezas de la noche
Faltan piezas y sobran las que más insisten en tu candor
Lo único que encaja es el deseo
de no ser solo estar

sí, la sombra tiene la razón, pero es otra índole de razón, no la razonable: la insondable. Y de allí la consecuencia esta vez sí lógica: «Nadie ha podido doblegar la sombra/ ponerla de rodillas ante una sola luz», versos que vuelven, que repite hacia el final, que surcan su poetizar.

Es, consecuentemente, en «La noche inexplicable que me explica» donde ahora se dice, se confiesa, se asombra y se busca en «la noche vuelta río/ desnudo en su corriente», agua y espejo: «Me busco en el espejo de la noche/ donde no tengo rostro/ ni ganas de ocultar»... La noche –acabamos de decir– es ya insondable, sin fondo, abismal: «Ante ti el vacío que repela la sombra/ Esa nada que arde/ como sudor de luz/ en los ojos tachados», «He vuelto a ser la nada que ociosa me imagina».

Es noche, «noche de la memoria», es memoria desnuda: «Al despertar/ noche de la memoria/ no había nada en ti», y lo anterior a la memoria, lo inolvidable, es el origen, es la nada. «Tu obsesión con lo oscuro/ es sólo obsesión de lo abierto conmigo», lo oscuro se abre, se abre hiriendo:

Mañana no será otra nueva noche
El caos razonable
            bajo el rayo
de una estrella que oscila en abandono
Hoy me ahogaba en la luz
            revuelta de esperanza
Preguntas a la nieve
que ya no va a caer en esta vida
Cada relumbre confirma el revés
Camisas desangradas para tender al sol
de cada medianoche
Sin espacio ni tiempo para una sombra más
la razón se desborda
            cura y herida abierta

Y así, en esta herida abierta, se cierra la primera parte del libro, su mitad de medianoche, su media catábasis, su llegada hasta la desnudez, hasta la nada... Pero poeta es aquel que sabe que el vacío es fuente, que la herida es hendidura, es manantial... Sabe que la nada no quita, que la nada da... abre espacio para la creación. Por eso el andar no se detiene: «Memorias desvestidas/ de ese viaje que aún no se concreta», el viaje sigue, la segunda parte de estas *Actas de medianoche* se abren, se ahondan.

II

El origen no es inicio: inicia.
Es iniciático.

En el inicio, sea la noche o la palabra, el silencio o el aliento, siempre está el mito, la narración original: el *había una vez* con el que nos contamos un mundo, uno o muchos dioses, o nos contamos a nosotros mismos quiénes nosotros decimos ser, nos contamos para llegar a sernos, o poetizamos para darnos a ser en otros, para trascendernos. La narración del origen es así el origen de la narración, el de cada vida, el de toda escritura, y de la historia que creamos.

«En Cayama», así comienza la segunda parte del libro, los restantes siete escalones del descenso al «centro» de la noche. Gozne y aterrizaje.

Cayama es el origen biológico, afectivo. Infancia y juego, familia y protección... «abuelo» y «abuela», «padre» y «madre», «hermano» y «hermana», «tíos» y «tías», «esposa» e «hijos», «cuñado»... todos van siendo nombrados, presentificados. Cayama es origen, origen encarnado, como todo origen siempre latente. En vilo. Cayama es –veremos– origen en carne viva: es herida.

«Cayama», pero eso será después, veinticuatro años después, será el nombre de su primer libro, la plasmación de otra dimensión del origen, de su inagotabilidad, su excedencia, quizá la más abismal, la más callada: la poética. La respuesta al llamado que origina, a la poesía que nos busca para llegarse a decir: el llamado a escuchar.

Escuchemos cómo sigue ese primer poema: «En Cayama sólo había un minúsculo/ y descascarado espejo en el baño/ Y en él no se veía/ otra parte del cuerpo salvo el rostro». Infancia, familia y, también y no menos, primer reflejo: espejo y rostro. Primera imagen de sí, primera construcción del yo por el yo, primera repetición, también prisión.

Pero el origen origina separando, diferenciando... exiliando. El hombre mismo rebasa su origen, su «minúsculo y descascarado espejo», su mero «rostro», rebasa y parte, parto y partida de sí, y rebasándolo, rebasándose, lo pierde: «La noche es algo es alguien/ que arrancaron de mí».

Si la primera línea del libro nombra la «puerta que cierra y abre», ahora, en la radicalidad que asume esta segunda parte, la puerta se cierra, el origen se ausenta, es, como todo origen, como el bíblico Edén, lo perdido y por ende lo buscado, es la memoria de la esperanza, es lo aún por crear: «¿Dónde estará la casa/ que de pronto cerró todas sus puertas/ creando este vacío?».

Vacío sí, pero poético: dicente. Iremos viendo cómo este vacío, cómo toda ausencia, llama, toma nombres y, también, los borra: «La noche y yo desnudos/ sin saber/ lo que haremos con tanta piel borrada». El vacío, o como ahora lo radicaliza, «la nada», derrubia, deconstruye. «Descentrar todo borde/ desbordar todo centro», será el lema, el camino, el poema.

Lo primero a borrar será la ilusión de la propia imagen, la «del espejo sin marco/ donde todo se esconde/ y es preciso romper de alguna forma», sí, primero la liberación del propio reflejo, del «espejo de la sombra», no para soslayar la sombra, para habitarla en su vital preñez no en su espejismo estéril. Borrar hasta que no quede nada del autor, de la autoridad de quien se cree fundamento de sí, dicente de su decir. Es la «destrucción del sujeto por la sombra», por la noche que «sabe cómo hacerse penetrar/ Sus labios absorben mi poco ser». Y sin *ser* no se es, o se es lo más propio: la propia ajenidad. Aquí, en el poeta, en el autor, es su nombre, su propio nombre, su propiedad la que debe desgranarse, convertirse en «Un yo descascarado/ vuelto sílabas».

El poeta va soltando toda identificación, con el origen asible, conocido, con lo que más bien sería comienzo y no origen, y con su propia identidad, la que había identificado con su reflejo, con lo ya sido, lo sustantivado. Pero en ese vacío –vemos– no se hunde. Ahora, cuando suelta aquello a lo que se aferraba descubre que siempre había estado sostenido, que era la noche la que lo upaba, la que en él era y siéndolo lo sostenía: «Las astillas de un yo/ que se tala a sí mismo/ al fin de Woodside Drive/ Un yo que ha renunciado/ al sentido último/ a la brutal coherencia/ En su centro la noche no deja de girar», y la noche no sólo lo habita, también lo lleva y destina en su movimiento creativo: «La noche desbocada me cabalga»… Y, ya en su radicalidad, la nueva identidad, el creador creado: «Soy creación de la noche», pero creado poeta, por eso: «Por eso luz oscura/ yo no he escrito de ti sino contigo», y más aún:

En realidad sólo habla la sombra
con mi silencio pulcro…
Un poema conmigo pero ya no de mí
Yo soy la relación entre la punta mellada de un lápiz

Y la página en blanco de la noche

III

Hay también otra dimensión de la noche, una noche política, no partidista, noche de la *polis*, noche humana, dado que lo humano es el reclamo por serlo en medio de la deshumanización, del poderío. Es el reclamo por «la noche», por el derecho a vivirla, a velarla, reclamo poético: casi un himno, un manifiesto dentro de estas páginas: «Sólo la noche es libre… sin fronteras… sin censura…»,

Sombra rebelde que no da su brazo
a torcer
aunque escarbe con el lápiz más fino
Noche insubordinada
hasta contra sí misma
y aunque tenga todas las de perder
no cree en claridades

Hay la protesta por la noche quitada, por los posibles talados, por los anhelos arrancados… porque «Sólo la noche en sí/ utópica y abierta en cualquier parte…/ Noche insubordinada», es noche de la resistencia de quienes no creen que la humanidad esté en retirada. Es la noche de todos los pueblos, porque «la sombra es de todos», y enumera la nocturna y rebelde geografía: la de las tierras heridas, invadidas: «Irak», «Colombia», «Cuba»… y las otras, las recordadas: «Habana», «Managua», «Madrid», «La Paz», «Medellín»… Y concluye declamando y reclamando: «No habrá revolución/ si no dejamos que la noche hable».

Será sólo la noche
La sombra es transparente
se le ven las venas a la verdad
Vale menos el oro que la nieve oxidada
Vale tanto un cocuyo como una estrella negra
Vale más tu sonrisa
que este desvelo por la perfección
La sombra no es jerárquica
reta las disciplinas de la luz
Es campesina obrera intelectual
Mi género desnudo
mi etnia sin colores
A la noche la hacemos entre todos
los que ha humillado el día

«Esta noche de pronto no pasa/ ¿es la de antes o la de después?»…Y brilla la noche de antes, la perdida, la de su propia historia, la que el poetizar recobra… «Cuando cae la noche todo se vuelve Cuba/ Una ausencia de luz que no me deja ciego», es «La noche de Cayama/ expresándose al humo de los cañaverales»…

Otra vez Cuba, otra vez Cayama, otra vez todas las veces, porque el tiempo poético no es el de la falsa linealidad de los relojes, es el de la conjugación de los tiempos verbales, su simultaneidad, su flujo y reflujo sobre las playas del ahora donde traen lo que fue y acercan lo que será, y vuelven a traer y vuelven a acercar… y volvemos a vivir, no lo de antes, lo que cada nuevo ahora capta, descubre y vivencia, lo que del pasado aun no nos había nacido, aun no lo había hecho creación.

El tiempo poético, el de la noche, no es el medido, es el latido, es el tiempo que somos:

Cayama el otro lado de la noche
Mi madre en su sillón
ya fregados los platos
              puede llorarlo todo
con la telenovela nacional
Mi hermano en su herrumbrosa bicicleta
pedalea dormido

por las calles que sólo
                    su desmemoria aclara
Yo soy el otro lado de la noche

IV

De noche es diferente
no peleo con nadie
                    hasta cierro la boca
Puedo dejar el yo
                    como camisa usada
colgado en la pared
Puedo ser una estrella
                    una hormiga
que acarrea su hoja emborronada
Me visto y me desviste
tu piel de oscuridad

Volvemos al poeta, al regreso a su soledad solidaria, al que ya ha dejado su yo «como camisa usada», ahora que no se cierra en su identidad, en su sí mismo –en lo mismo de sí–, puede ser todo, «estrella», «hormiga»... ahora, ahora que la noche lo desnuda, lo viste y desviste. Ahora que ha llegado a la dimensión poética del silencio, al silencio no en su mero callar sino en su abrirse recepción: al escuchar:

Vine a guardar silencio
No hay nada sino estar

A un lado de la noche que no pasará en vano
escuchando a la nada
su espléndido discurso
sobre el ser
Ni una sílaba más por desgranar

Sí, aun quedaba escuchar la nada... recorrerla, dejarla decir: «La nada recorrida/ en sentido contrario/ del alba hasta el crepúsculo», «la nada que confluye/ en esta hora impar».

De la nada no sabemos nada, ese no saber es su nada, su apenas cuatro letras, nombre, su hacer señas. «Aquí resistiré/ el avance de toda claridad/ No queda nada afuera de la noche/ ni siquiera la nada»; indecible «Sólo queda esperar que la estructura/ reproduzca la nada/ y la oración el viento».

Hay la *nada* y hay un *centro*, el centro que en esta parte del libro una y otra vez se nombra, que se busca tener pero, ya aprendió nuestro poeta, tener a la manera poética, tener sin retener, lo sabe el poeta que en su catábasis va ya «hacia el centro que nunca colmaré», el poema que nunca se terminará, la poesía que siempre se sustraerá.

V

El poeta, nuestro poeta, ya renunció a *su* ser autor –«Soy simplemente de las muchas cosas que ladran en la noche» –nos confiesa–, uno entre otros, sin alardes ni privilegios; y lo aprendió a través del mayor desasimiento, el que renuncia al querer decir lo propio, a decir y no a escuchar, *ser* y no, como un par de veces lo anhela, simplemente *estar*. Al fin, ahora, guardando silencio, está «a la espera de algo que no sea la luz». Su ser ahora es su esperar, su abrirse al don de lo que la noche trae, lo que la sombra brinda. Renuncia, también, a su saber, a su entender: «Nunca sabré tu nombre/ sombra traspapelada», no-saber, *docta ignorancia*, constitutivos también de toda experiencia mística, de toda insondable hondura. Renuncia que es entrega: sólo le queda la noche y el silencio, el estar de la existencia poética, el temple de la acogida: «Existo porque busco/ articular silencios/ Yo soy un resplandor/ de la nada ardorosa». Y, como final, la reunión, la comunión que acontece en el espacio que la renuncia abrió: «Nada falta a mi sombra/ que no sea tu luz intransigente/ Nada falta a tu lumbre/ que no sea mi oscuridad sagrada», el uno en el otro, lo uno por lo otro, el poeta y su noche, la noche y el poeta, la poesía y el poema.

No es un final, el libro queda abierto, como la verdad cuando es pregunta, como sus páginas en el que ninguna de sus líneas ostenta un punto final. Son, nos confesó el poeta, «planos de la noche/ que esbozo/ cuidadosamente para olvidarlos». «Sólo la sombra desvelada existe/ Mas en el centro brilla/ la muerte por su ausencia», y mientras la muerte sea ausencia, la vida permanecerá abierta, seguirá diciéndose, revelándose.

Termino –yo– con dos párrafos, el primero dice:

De noche sólo transciende la noche
Y al fin qué buscaré rondando en esta casa
de espejos sin imágenes
Acaso habré encontrado
reflejos de la sombra
                    que debo agradecer

«Todo está al otro lado de la noche». Es la noche, otra vez la noche, la trascendencia de la noche... el resto es reflejos, ya casi no quedan páginas, no queda nada, salvo la gratitud, la conciencia de finitud abrazada, la trascendencia que es el tener del no tener: el seguir creando.

Y el otro párrafo, el que cierra el libro:

El centro de nada
                    Como la noche
giro por cualquier parte
Esa sombra sin eje retorcida
que suena a viejo disco
Yo te he estado esperando
desde la medianoche de Cayama
en que la sombra ardía
Aquí y en todas partes vida colgada de un clavo mohoso
este susto que soy
Si te atrasas o no llegas al fin
poco importa
                    te espero antes del alba

VI

Sería menospreciar al lector de estas líneas, en lo que éstas hayan podido ser eco de las *Actas de medianoche*, elogiar el libro;

si necesitase hacerlo es que fracasé, que lo que intenté decir no sobre él sino desde él no logró expresarme. Sólo agrego mi agradecimiento al libro, a este poema esencial, no a su autor que logró callarse, sí a su voz que ofrendó a la noche. En épocas donde la anécdota y la cotidianidad lo ocupan todo, o casi todo –y no excluyo a la literatura sino que es de ella que hablo–, un libro que tome la vida en su destino, en su cifra total, es decir su enigma y misterio, su noche, es una osadía, un riesgo necesario, una generosidad.

El libro termina con una espera, una cita «antes del alba», y cuando un libro cita, más allá y más acá de quien sea el citado, cita a que lo leamos, a que lo escuchemos. Eso sí, en la noche, en la misma noche que el libro abre, acerca y alberga; es, lo aclara, «una sola noche», la suya, pero tan honda, que su oscuridad nos refleja, que su noche ilumina la nuestra, quizá también, y ahora lo comprendemos, «porque una sola noche todas las noches», «porque una sola noche lo explica todo» ☉

Biblioteca

1913-14

Wilhelm Lehmbruck

Basilio Sánchez: La memoria soñada

Ada Salas

«En el fondo, quizás,
un hombre es siempre una casa cerrada
y esa casa cerrada es su memoria.»

«Detrás de la ventana, alguien que hila con
la memoria de los vivos la verdad de los
muertos.»

B. S.

Poesía contemplativa, meditativa, la de Basilio Sánchez. Poesía serena. No. Ninguno de esos sintagmas aciertan –no son ciertos, por tanto, o tienden a la falsedad en tanto en cuanto las verdades a medias son, al cabo, mentiras– . Yerran en la medida en que no pasan de la cáscara, una cáscara un tanto coriácea por estar tramada y trabada por el poeta con un saber hacer del que resultan poemas dibujados con el detalle y la naturalidad del más elaborado trampantojo. Poemas-trampa: serenos son su música, el ritmo pausado y pautado de su discurso, la delicada selección y sucesión de las imágenes, tan poco *violentas*, por elegir un adjetivo del todo ajeno, aparentemente al menos, al universo poético de Basilio Sánchez. Poemas escritos, parece ser, desde el punto de vista del que contempla y da cuenta de lo que contempla, y con la voz lenta del que rumia la vida y lo vivido y medita sobre ellos. Serenidad, meditación, contemplación, ardides que el propio poema despliega para huir de sí mismo: una apariencia perfectamtente equili-

---

Basilio Sánchez: *Los bosques de la mirada*, Calambur, Madrid, 2010.

brada, consistente, reconocible, embridada, que acoge al lector como si quisiera engañarlo. Como si quisiera. Pero poco nos importa lo que quiera el poeta o lo que el poema parece querer querer, poco debe importarnos. Triste lectura haríamos de *Los bosques de la mirada* si no reparamos en que bajo y entre la amable calma de sus arboledas late lo que puede amedrentar; poemas, bosques, como los árboles *civilizados* de Claude Lorrain que, siendo en principio meros elementos del paisaje (con toda la carga culturizante, y por lo tanto en cierto modo falseadora, que el término *paisaje* acarrea), son selvas de profundidad oscurísima. Un estanque, la poesía de Basilio, como el de poema «Cómo pintar un nenúfar», de Ted Hugues: bajo la superficie apacible y luminosa, esconde un submundo inquietante y amenazador en la tiniebla del légamo. A través de la paz que respiran los poemas de Basilio puede auscultarse el temblor de una erupción contenida. Es a ese temblor al que hay que prestar una especial atención. En ese temblor están la fascinación y la fuerza de su poesía. Para poder percibirlo es necesario apartar el velo de la mansa superficie del estanque, no dejarse engatusar por la claridad de la dicción o la belleza de las imágenes. Una piel-espejismo. Una suavidad formal que aturde con sus reflejos. Si no nos dejamos cegar por ellos y vemos, y leemos, más allá, *Los bosques de la mirada* crece precisamente sobre una tensa y fructífera paradoja: los poemas parecen lo que no son sin dejar de ser, puesto que todo poema es su forma, lo que parecen.

Basilio Sánchez contempla, y (o pero) lo que contempla no es un paisaje real. Ve y lo que ve son visiones, por mucho que sus protagonistas sean elementos de la naturaleza: las estaciones (el otoño y el invierno, sobre todo), árboles, pájaros, ríos. Un decorado imaginario. Una naturaleza no susceptible de una contemplación pictórica, sino simbólica, onírica, arquetípica, mítica. Se diría que el *yo* que aparece en los poemas (un *yo*, por lo general, que el autor hace extraño, anónimo, arquetípico también al referirse a él como «el hombre») es el que cruza por el templo de la Naturaleza del soneto «Correspondencias» de Baudelaire:

«El hombre que atraviesa entre bosques de símbolos
que lo observan con miradas familiares.»

Si el paisaje exterior lo constituye esa naturaleza simbólica, el «paisaje íntimo», como señala Miguel Ángel Lama en su prólogo, no es menos simbólico: la ciudad, la casa, la habitación, la que se intuye como biblioteca, la mesa de trabajo. Un espacio que traza círculos concéntricos hacia el útero mismo donde se escribe el poema. Un espacio tan *irreal* como el exterior , con preferencia por lo cerrado, lo limitado, un «hortus conclusus» habitable y cómodo, sospechosamente acogedor, con mucho de intrincado, y torturado, laberinto interior.

En cuanto a lo meditativo de su lírica, de haber meditación se trataría de una meditación que no piensa, sino que sueña: un sueño que produce, si no monstruos, fantasmas, espectros que se mueven sigilosos por las habitaciones de la casa (la banda sonora del universo poético de Basilio está hecha, por lo demás, como corresponde, de sigilo, de murmullos, de susurros), por la casa del poema. Un espacio espectral porque el sueño de Basilio no es el goyesco de la razón, sino el de la memoria.

¿Y qué clase de *memoria* es la de *Los bosques de la mirada*? Aquí entraríamos en el meollo, porque lo hay, de la cuestión. Estamos ante una memoria cuya materia es la de la lluvia que aparece en este fragmento:

«De pronto se da cuenta: todo el día lloviendo, desde por la mañana, desde el amanecer, desde el instante antes de empezar a vivir (…) la lluvia, sin embargo, que ha precedido siempre a las apariciones, la lluvia imaginada, presentida, la que sólo está hecha de esta misma sustancia.»

Una memoria, como esa lluvia, imaginada, pre-sentida, construida, habilísimamente, no con la argamasa de los recuerdos, sino con la de las palabras: son éstas, las imágenes que trenzan, por resonancia y por recurrencia, la red de alegorías que tejen los símbolos, las que levantan el escenario de una memoria «en la que no se ha vivido». La memoria como el gran «gesto simbólico» que aparece estos versos, con el que aferrarse a lo vivo:

«Como aquel que ha esperado durante mucho tiempo
algún gesto simbólico,

el ademán preciso por el que posponer
la urgencia de la muerte,
así me veis ahora: cruzando las alcobas,
dejando atrás los largos corredores del tiempo
en los que no he vivido,
para abrir las ventanas que se orientan al este».

El *constructo* que es la memoria de los poemas de Basilio produce un discurso elegíaco a la inversa; no son los vivos los que añoran a los muertos, sino los muertos los que añoran a los vivos:

«Cuando todo es pobreza, cuando hay muertos
que lloran a los vivos, la conciencia
de saberme vencido tan sólo por las cosas
que no son de este mundo.»

Una memoria que no es, entonces, una mirada hacia atrás, sino hacia dentro: dentro del sueño, de la visión: «Desde dentro los desaparecidos iluminan la tierra», escribe el uno de sus poemas inéditos, y que no sólo proyecta el pasado sobre el presente, sino que imbrica el uno en el otro. Un pasado, por cierto, que no ha existido, sobre un presente que tampoco existe como tal porque, al estar teñido de pasado, es abordado con la mirada de la evocación, y evocar el presente es anularlo. Un mapa temporal, el de Basilio, profundamente eliotiano: con ojos para ver y oídos para escuchar lo que tal vez fue, e incluso lo que no pudo haber sido.

Marina Tsvietáieva escribió en «Poetas con historia y poetas sin historia»: «El "yo" del poeta es el "yo" de quien sueña más el "yo" de quien crea la palabra. El "yo" poético no es otra cosa que el "yo" del soñador que ha sido despertado por un inspirado discurso y que sólo se realiza en ese discurso». Lo que sueña Basilio es el desplegable de su extraña, particular, riquísima memoria; Los bosques de la mirada son el relato de esa memoria soñada:

«Vivo de la mirada de los signos,
de los ojos del sueño,
de todo lo sagrado que hay en la memoria.»

El carácter irreal (imaginado) de lo que se contempla y el carácter soñado de lo que se recuerda redundan, al cabo, si uno, como decía más arriba, no se engaña, en una lectura radicalmente nihilista: como detrás del *Retablo de las maravillas* cervantino está la nada, lo que nos queda entre las manos, el precipitado de ese mundo mítico colectivo de sus primeros libros, o de ese presente-pretérito personal que se va acercando a un yo más directo en sus dos últimas entregas publicadas, no es más que ceniza. Ceniza, humo: dos motivos recurrentes también en sus poemas, y que en ocasiones remiten a la poesía misma. El poeta crea un mundo que se niega a sí mimo y que viene a ser, por un intrincado camino a la inversa (no por destrucción, sino por construcción) una inquietante afirmación de la inconsistencia de lo real: una sabia prestidigitación que nos sitúa frente al vacío. Un tiempo inmaterial, un espacio que es ruina, una casa, en apariencia sólida, pero

«Una casa en lo alto
en la que nadie entra y de la que nadie sale»

La palabra poética sería así como un conjuro para hacer regresar, de un tiempo que no ha existido, lo que ya murió en un tiempo inexistente:

«con esa claridad que sólo alcanzan
los paisajes del alma, la vida no vivida».

Antes hablé de la silenciosa banda sonora del universo creado por el autor: un universo de una coherencia difícil de encontrar. No quería terminar sin detenerme en la iluminación (su mundo tiene mucho de cinematográfico). No es, desde luego, un paisaje solar: niebla, bruma, luz matizada, crepuscular (en el atardecer o en amanecer) o noche iluminada siempre, sólo, por estrellas. Y más en penumbra la luz de esos paisajes interiores tan específicamente suyos: lámparas (la lámpara mallarmeana sobre el blanco de la página en la soledad de la biblioteca, lámparas de aceite, lámparas de alcohol), la llama de una vela, una linterna… luces (simbólicas, sin duda) que, como en los cuadros de De la Tour, hacen más evidente la oscuridad en la que viven los personajes: una luz que favorece la ensoñación de la escritura, el sueño en el que poder soñar esa memoria, el que permite a Basilio Sánchez «cerrar los ojos» para ver el hermoso y sin embargo desolador, o viceversa, paisaje de *Los bosques de la mirada*:

> *«Muchas veces he cerrado los ojos*
> *para que nuestros muertos, a través de nosotros*
> *pudieran recordar»* ☻

Todo también de paso

Raquel Lanseros

«Cuando estén secas las pilas / de todos los timbres / que vos apretás, / buscando un pecho fraterno / para morir abrazao...» cantaba *Yira, yira*, el inolvidable tango de 1930 escrito y musicalizado por Enrique Santos Discépolo. Este lunfardo y castellanizado vocablo, *yira*, se origina en el verbo italiano *girare*, es decir, dar vueltas, pasar una y otra vez por los mismos lugares. Y a eso se refería precisamente el genial compositor, a la repetición previsible y monótona de las mismas desilusiones, las mismas amarguras, los mismos fracasos existenciales en el acontecer cotidiano de cada uno de nosotros.

Y *Gira* es también el término escogido por Álvaro Tato (Madrid, 1978) para intitular su último libro de poemas, ganador por unanimidad del Premio Internacional de Poesía «Miguel Hernández – Comunidad Valenciana» 2011 entre 507 libros presentados. Título, por cierto, absolutamente apropiado y aun exegético, ya que nos adentramos en un viaje personal a través de la experiencia del autor, que, como siempre ocurre en la buena poesía, es a su vez la de todos nosotros. Los títulos de muchos de los poemas nos recuerdan constantemente que estamos en movimiento, por más introspectivo y metafórico que éste sea. Así, forman parte del libro los llamados «Ida», «Recta», «Nudo norte», «Visado», «Afueras», «Migración», «Vuelta», «Retrovisor», «Retorno», «Arcén», «Andén» o «Ruta», por poner varios ejemplos. El viaje como metáfora de la propia vida es un *topos* recurrente a través de la historia de la Literatura, desde Homero y los medievales

---

Álvaro Tato: *Gira*, Hiperión, Madrid, 2011.

cantares de gesta hasta la actualidad. Y Tato lo rescata revistiéndolo de presente último, con un lenguaje claro, dinámico y pleno de contenido. Ya el poema que principia el libro, «Himno», nos colma de los buenos deseos necesarios para el destino venturiego que constituye toda travesía: «Que haya viento a favor. / Que mires atrás una sola vez / para saber que aún no te persigues. / (…) / Que sigas. Que te pares. / Que nunca des contigo. / Y que tu patria sea ese lugar / al que no llegarás.»

La poesía de Álvaro Tato está imbricada en la profundidad de pensamiento, y sin embargo posee la rara cualidad de saber ofrecernos el destilado de esa meditación de manera cristalina, liviana y diáfana, capaz de calarnos hondo por dentro sin pesarnos, sin arrastrarnos al cruel pozo de la amargura existencial: «Al menos un instante cada día / volvemos al país / que nos viaja por dentro. / Míralo una vez más. / ¿Lo reconoces? / Es el mismo de todos / y nos hace distintos.» Es también digna de reseñar su capacidad de descripción, de serena contemplación de la realidad circundante, lo cual remite directamente a toda la tradición de la poesía oriental, como observamos en su poema «A:B»: «Mañana de verano / entre montes sin nombre, / inmenso cielo en blanco», o en el inmediatamente precedente, titulado «Vuelta»: «De vuelta a casa, / noche tranquila, / aire en la cara. / De vuelta a casa, / ciudad dormida, / luna parada.»

El poeta nos desvela a lo largo del libro una de sus principales inquietudes, que se puede verbalizar en la conveniencia de hacer el camino vital con la menor carga posible, o en palabras machadianas, «ligero de equipaje», puesto que el sentimiento de posesión es ilusorio y fugaz, siendo la única verdad categórica e inalterable que aquí han de quedarse todas las pertenencias materiales que hemos ambicionado acumular a lo largo de la vida: «No nos llevamos nada. / Nuestras cosas se quedan. / Dejamos todo atrás. / No nos llevamos nada, / lo mismo que trajimos. / Devolvemos el préstamo.»

Nace la poesía de Álvaro de la reflexión y la emotividad, siendo su propia subjetividad una lente lírica que el lector se ajusta para observar la realidad y descubrir los matices vivenciales del autor. El tiempo, con su inexorable fluir, es protagonista indiscutible de este viaje, el de todos nosotros. A él rinden acomodo nuestros actos y pensamientos igual que el inquilino paga ineludiblemente su alquiler periódico: «Seguimos / la vieja senda / del cazador de días. / (…) / Pronto saldrán los días a cazarnos.» Del mismo modo, reivindica el poeta la memoria, hija del pasado y habitante del presente, envés indisociable del tiempo transcurrido. La memoria como cimiento primordial de nuestra identidad, libro de contabilidad en el que se reflejan fielmente nuestras cifras tanto del «debe» como del «haber»: «Hay muertos emboscados / en nuestras rutas negras. / (…) / Cazan velocidad, / nos ganan siempre. / Son nuestro mal menor, / nuestros antepasados, nuestro precio.»

Dueño de una sensibilidad muy bien resuelta, como de una originalidad que mana de un extenso universo propio, Álvaro Tato ha construido en *Gira* un auténtico mapa emocional del camino, sabedor como es de que «cada paso es la cumbre». Merece la pena adentrarse en este recuento de experiencias y reflexiones del viaje existencial del poeta, pues nos las participa interiorizadas y fusionadas con su intimidad, de modo que a través de sus versos el lector puede sentir cómo todas y cada una de las palabras se dirigen a su propia mente y a su propia alma. La ruta nos conduce a todos y no termina jamás, sólo gira y gira, por diferentes lugares e instantes, con distintos nombres y rostros, como el propio autor nos interroga retóricamente para después regalarnos la más dulce insinuación: «¿Cuántos viajes nos quedan? / ¿Cuántas preguntas? / Los primeros almendros / están más allá de la cuneta» **C**

Últimas noticias de Ricardo Defarges

Julio César Galán

1. A primera vista

Como indica la contraportada del último poemario original de Ricardo Defarges, en *Muere al nacer el día,* que aparece, casi de forma simultánea a la antología *Este don a la muerte,* influyen dos hechos vitales en su trayectoria: la inclusión en la Generación del 50 y su nacimiento en 1933. Estos dos hechos contextuales, estos dos aspectos sociológico-literarios aprietan siempre la recepción de este tipo de autores y como consecuencia surge esa «otra generación del cincuenta» que se ha perfilado plenamente en un figura paralela a la oficial y que en algunos casos, tiene mayor presencia por su calidad y no por la inercia crítica que otros poetas de primera fila proporcionan. Pero lo importante es esta entrega nueva y esplendida que prosigue la estela del libro anterior *La cima vieja,* cuya realización se produjo en condiciones extremas de salud dada la situación de discapacidad. Este hecho y sus efectos discurren desde la tragedia y el deseo de orden vital. Sin embargo, en este último libro la estructura formal adquiere la diferencia de una mayor libertad creativa, en cuanto a la disolución del posible género que puede ser actualmente la poesía (y sus ya diversos subgéneros). Este proceso de fusión, de desembocadura en lo intergénerico, no se produce de un día para otro, la poesía de Ricardo Defarges se ha bifurcado en dos etapas bien diferenciadas. Como apunta Vicente Gallego en su antología *50 del 50. Seis poetas del*

Ricardo Defarges: *Muere al nacer el día.* Editorial Renacimiento, Sevilla, 2010. *Este don a la muerte.* Renacimiento, Sevilla, 2011.

medio siglo, el escritor barcelonés se presenta desde el principio como un poeta hecho, plenamente formado. En la primera etapa sus poemas muestran una fisonomía delgada, precisa, escueta en su expresión, cuya sencillez formal se refleja a través de la apariencia de canciones. Toda esta sobriedad, toda esta contención, retiene esa mayor libertad expresiva del periodo posterior de madurez, al cual pertenece *Muere al nacer el día*.

2. Libros, películas, pinturas y algo de vida

Este último tiempo poético de *Muere al nacer el día* nos llega más complejo y variado. En él se mezcla la tradición y la aventura, la propia reflexión vital y lectora, la juventud y la vejez, todo ello entrelazado al mismo tiempo y a debida distancia. La unión de todos estos arcos estéticos y argumentales recae en la memoria, en el «culturalismo» y en una pequeña sorpresa. Empecemos por el principio, es decir, por el repaso de lo que se fue y de esta forma entramos en el primer poema *Aún lo dices* que nos conduce por medio de su versificación preferiblemente heptasilábica a la expresión condensada. De este modo, la palabra se vuelve casi esencia y esa sustancia se manifiesta en una pregunta incómoda: «¿Qué vas a decir ya?», cuya respuesta se expone en los versos siguientes pero se extiende por todo el libro: «Palabra del silencio, en la casa vacía.» Estos signos mudos forman continuas interrogaciones que apenas quieren repuesta cuando se intuyen esas respuestas. Pero también surge la negación de esos recuerdos y el engaño de percibir los hechos de manera cerrada, asuntos que se extienden a textos como «No quieres recordar» o «Los labios», pues la existencia parece quedarse entre la incógnita y lo enigmático: «Y el misterio detrás iba quedando,/ para cambiarse pronto/en un Enigma ya definitivo.» En mitad de esos jeroglíficos se halla «la casa» como símbolo de esa nostalgia convertida ya en melancolía; y es que desde su libro *El arbusto* pronosticaba que la madurez de los años le aportaría la sabiduría necesaria para asumir su sequedad y sus secretos. Así es la gran poesía, aquella que de manera sugerente y estimulante nos enseña tanto a vivir como a morir. En ese aprendizaje la soledad se convierte en un tránsito de conocimiento, en un camino de perfección y de reconocerse hasta encajar en el propio perfil. Por eso, la propia existencia se convierte en una caricia ocasional y ajena: los libros, las películas, sobre todo las películas, los cuadros y la música, cobran mayor importancia, un estatus vital superior a esa realidad que ¿alguna vez fue real? De esta forma, el yo autoral se desvincula de sus propias vivencias con el fin de convertirse en un «tú» o en un «vosotros» textual, dando lugar a un desapego personal que a veces se quiebra en poemas como «Viaje a Bizarritz». En este poema están las cosas como son, tal cual, las imágenes secas, sin ornamentos y la cotidianeidad en consonancia con ello: «Te han arrastrado en un coche/después, en la silla de ruedas». Todo ello para acabar con ese ahondamiento en la palabra austera que ha caracterizado durante años la poesía de Defarges y que aquí, en *Muere al nacer el día,* se diluye en la lluvia como una secuencia más de esos recuerdos.

Sin embargo, esta contención poética encuentra su envés en los poemas que glosan principalmente las películas y los libros que al poeta consiguen emocionar. Así, se produce la creación de una nueva perspectiva sobre la obra comentada (aquí está la pequeña sorpresa aludida anteriormente), sin llegar al análisis crítico de la *intrapoesía*; pero con la intención de literaturizar el cine y filmar la literatura. Uno de estos primeros textos se concreta en «Fresas salvajes (Ingmar Bergman-1957)», cuyo desarrollo paralelo acaba en la realidad del actor Víctor Sjöström que hizo el papel de doctor, acaba en su muerte cercana; como contrapunto a su extinción surge «su huella/ perdurable sobre la tierra.» Estos versos manifiestan el respeto de la muerte ante lo poco que deja con vida. Asimismo ocurre en poemas como «Dies irae (Carl Dreyer-1943)», en el que se ensancha los asuntos de la película y del director de la misma, creando un ambiente afín en la que las cuestiones transcendentales y metafísicas se convierten en la médula espinal. Estas preocupaciones no solo se tratarán de un modo distanciado sino que entrarán en los desasosiegos de Defarges a través de esas palabras en mayúsculas: «morir la muerte de otro,/ son la lección de injusticia/y el ejemplo del Maestro./» («Comunión de santos»); por medio de figuras ascéticas: santa Teresa en «Piojos en la poesía» o plenas de fe y serenidad: «Entre montañas,/templo románico./Un Cristo en Cruz,/sólo sereno,/inclina el rostro/en Majestad,/ leve tristeza./Quema Tu imagen/la casa sola». («Beget»). Y es que *Muere al nacer el día* no se presenta como un libro de homenajes ni tampoco como mera opción culturalista desfasada, en este poemario la novedad se concentra en el avistamiento de una creación poética que se inclina hacia el análisis de obras ajenas.

3. El arte de morir

Si nuestra lectura ahonda en un libro de estas características observamos que cada poema es la anatomía de una des-ilusión, es decir, una verdad en sí misma. Ricardo Defarges ha dejado de engañarse, ya no crea el espejismo de inventar asideros, ahora se ofrece resistencia tan solo con ver las emociones de un cuadro, oír la música de los diálogos fílmicos, con oler y tocar la poesía. Ese vértigo, ese vacío, esa nada maciza y creciente se nos desvela sin sentimentalismos, en el aprendizaje que aporta la palabra para saber morir. Poesía para ser capaces de vivir a la intemperie y de este abandono llega una mirada honda: «Fuera de la casa quieta,/y dentro del alma, arrecia/el huracán solitario./Este son de vida y de muerte/gime en el cuarto vacío./-Coges el Libro, y de pronto/todo se hace suave,/ Carga ligera./ Y olvidas el viento amargo,/su escalofrío en la noche.» («Queja del viento»). Y como bien se dice en la contraportada de este libro, en esta segunda etapa de la poesía de Ricardo Defarges, se reparten más los temas y ese «pesimismo innato» se convierte en acto de amor, de amor hacia lo humano, un ejemplo de ello lo tenemos en el poema «Enrique Cornuty».

Por otro lado, hay que destacar un aspecto argumental que se muestra de manera continua en los pasajes más inclinados hacia la reflexión cultural: los finales textuales que resumen, desde un punto de vista ético, el resto del poema, a modo de conclusión interpretativa del objeto artístico y de la realidad que lo envuelve. Los ejemplos son diversos: «Diario de un cura de aldea (Novela de Bernanos-Película de Bresson)», Azorín («Cerrera, Cerrera») o «Orwell»; en todos ellos se presenta una doble temática final: la lucha entre la vida y la muerte, y la consecuente proyección religiosa en fe y gracia. Cada creación se convierte en un medio de afirmarse y de asumir todo aquello que se va. No debemos olvidar señalar, por último, que la estructura de este poemario no viene de una división en partes que diferencien las condiciones formales y argumentales de los textos, sino que procede de una ordenación diaria, cuyo primer poema está fechado en 2008 («Aún lo dices») y último en 2010 («El coma»). Dos años de creación que se resuelven en un mensaje novedoso y contundente.

4. Conclusiones/revitalizaciones

Ricardo Defarges no es un poeta que ha necesitado de una generación para imponer su voz. Se trata de un poeta cuya generación se manifiesta en el propio camino labrado a lo largo de años de poesía. El poeta barcelonés es un solitario, y lo bueno de este tipo de poetas se percibe en que miran poco hacia los lados y sobre todo lo hacen más para sí mismos, en un acto de ahondamiento nada narcisista. Por eso, su obra pertenece a la estirpe de poetas como César Simón o Tomás Segovia. *Muere al nacer el día* es un libro en el que se comparten lecturas y visualizaciones, en el que se sugieren los significados de distintas textualidades a través de la confección de otros textos: ¿un nuevo sentido? ¿Se busca un nuevo sentido? **C**

Resistir es una fiesta

Josep María Rodríguez

Ya desde antiguo se ha venido equiparando la vida humana con el transcurrir de un río que desemboca en lo que, según el *Eclesiastés*, es un mar que nunca se llena. Pero fue con Jorge Manrique y la tercera de sus coplas a Don Rodrigo cuando esa asociación se convirtió en un lugar común para lectores y poetas en lengua española. Como en los siguientes versos de Francisco de Quevedo: «Antes que sepa andar el pie se mueve / Camino de la muerte, donde envío / Mi vida oscura: pobre y turbio río / Que negro mar con altas olas cubre».

Y qué decir de Antonio Machado y su poema «Glosa»: «Nuestras vidas son los ríos, / que van a dar a la mar, / que es el morir. ¡Gran cantar! / Entre los poetas míos / tiene Manrique un altar». En cierta medida, la tradición se parece a uno de esos restaurantes estadounidenses con el cartel en la puerta de «All you can eat». Tan sólo tenemos que servirnos. Igual que hace Tomás Segovia, que utiliza precisamente ese primer octosílabo manriqueño para abrir su más reciente libro de poemas, titulado de forma significativa *Estuario*.

Porque a sus ochenta y cuatro años, Tomás Segovia es consciente de que el negro mar de olas altas está cada vez más cerca. Y a pesar de ello –o quizá justamente por ello– sus versos se alejan del lamento y de la renuncia: «Hay que romper la avaricia del tiempo / Asomarse a su hora como a una ventana / Tomarse un tiempo para activamente / Dedicarse a dejar que todo esté en su sitio / Y en su sitio el que mira / Maravillosamente equilibrado».

Tomás Segovia: *Estuario*, Pre-Textos, Valencia, 2011.

La obra lírica de este autor valenciano, nacido en 1927, se ha venido caracterizando por un sentimiento de estar en el mundo que el anterior fragmento de «Balanza» resume a la perfección. Se trata, en definitiva, de dejar que todo esté en su sitio: una nube que se aleja, una ventana con geranios o incluso algo tan aparentemente poco poético como una sandía y que, sin embargo, es capaz de devolvernos a la infancia. Según Baudelaire, la poesía empieza en el preciso momento en el que vemos planear un pájaro por encima del mar y queremos transportarnos a él. Una sintonía entre el sujeto y su afuera que en el caso de Tomás Segovia alcanza su máxima expresión en los versos de «Arenga»: «Cosas todas del mundo / Y aún más las que estáis vivas (…) Quisiera yo deciros / Que me alegro de estar entre vosotras / Que me dejéis moverme en vuestra luz».

Si al llegar al estuario el río se ensancha y se hace más hondo, ralentizando su curso, algo parecido sucede también con los versos de Tomás Segovia. Porque esa apertura empática únicamente es posible cuando se rompe la avaricia del tiempo: «Me podría quedar aquí sentado / En este duro banco / Hasta que se le acabe todo el frío al cielo / Hasta que palidezca arrepentido / Hasta que no me quepa en el puño cerrado / La más pequeña obstinación de estar».

«Aquí estamos» es, de hecho, el rótulo de la primera de las seis secciones en las que se divide *Estuario*. Un apartado inicial que gravita alrededor de esa «embriaguez de vivir» a la que hace referencia el poema «Chorro». Sin embargo, los versos de Tomás Segovia no siempre celebran y, a veces, hay lugar también para la elegía. Especialmente en la segunda parte del libro –«Tiempo atrás»–, que incluye poemas como «Hubo una vez», «Ancestral» o «Ya para siempre»: «Y yo reanudo al fin la marcha / Llevando tras de mí por el camino / Como un gran perro resignado / Este pasado mudo / Que me sigue esperando siempre / Que yo me vuelva a echarle una mirada».

En el fondo, el poema hímnico y el poema elegíaco son iguales. Ambos celebran. Pero mientras uno pone el acento en el «aquí y ahora» –como proponía Matsuo Bashô–, el otro festeja un presente que el tiempo nos arrebató nada más nacer, con el sigilo y la ferocidad de una pantera negra. De ahí la importancia de la poesía, que nos permite echar la vista atrás para recuperar aquello que ya fue. O viceversa: dejar migas de pan en el camino y así, más adelante, ver con facilidad los pasos por donde hemos ido viniendo.

No es de extrañar, por tanto, que su autor dedique la tercera sección del libro –«Palabra dada»– a reflexionar acerca de ese «tibio cauce de palabras / Que siempre me sacó gustosamente a nado / De la vacua aridez de vivir sin destino». Se trata únicamente de cinco textos. Pero en ellos se evidencia hasta qué punto el acto poético es legítimo y natural en Tomás Segovia. «Estuvo siempre en mí / Este caudal decible / Este río de oro / En el que siempre navegó / Mi voz sin salvavidas». Una naturalidad que se traslada también al estilo: a su verso claro, a su simbolismo sereno, a expresiones coloquiales como «Quieras que no vuelve a reinar el día» o «Ha amanecido un día tiritón y encogido» –y que parecen invocar la breve «Poética» que Blas de Otero publicó en los años cincuenta: «Escribo / hablando».

«Otoño y dudas» es el título de la cuarta división de *Estuario*. A diferencia de las tres primeras, en ella Tomás Segovia recupera esa escritura de largo aliento que ya estaba presente en libros anteriores –por ejemplo en *Salir con vida* o *Misma juventud*–, pero que en sus últimas entregas parecía que había quedado relegada. Y lo mismo sucede con la sección que cierra el libro: «Ramón Gaya en el aire». Sesenta y cuatro versos en los que su autor dialoga con el artista y amigo: «aquí donde no estás donde no está tu oído / Donde no está tu voz / Que pudiera a su vez decirme tú». En la línea de otros poemas más antiguos, como «Carta a Ramón Gaya en el verano de su vida y de 1980».

No obstante, de entre las dos piezas más extensas del libro, personalmente prefiero «Otoño y dudas». No por desmérito del texto final, sino por la altura de unos versos en los que su autor reflexiona acerca del pasado –«¿Quién soy yo sin mi historia?»– y de ese instante ahora «Que es otro cada vez / Y cada vez el mismo / Y nunca puede ser de veras otro / Ni de veras el mismo». Pero en los que, además, Tomás Segovia abre una ventana al futuro: «Un día él volverá sin ti / Y no se notará la diferencia». En resumidas cuentas, un poema en el que se cifra lo que el lector ha ido encontrando hasta llegar a esas páginas centrales y que en cierta forma anticipa el siguiente y, me atrevería a decir, más importante apartado del volumen que nos ocupa: «Modos de vivir».

La quinta sección de *Estuario* es por sí sola un libro. Casi una treintena de poemas en los que su autor concentra su filosofía vital: «No tengo tiempo para no ser libre», «hay que tomar la vida como viene», «resistir es una fiesta», «No puedo imaginar que haya algo más / Que me mantenga en pie / Salvo esta incertidumbre reiterada / de que la vida en paz es toda mía». Momentos de intensidad y sabiduría que el lector disfrutará a lo largo de uno de los mejores libros de Tomás Segovia. Libro en el que no sólo encontramos la serenidad de quien se duerme escuchando el ir y venir de las olas. Sino también la ilusión, la maravilla del niño al que llevamos por primera vez al mar ⊙

A favor de las ideologías

Santos Sanz Villanueva

Si de algo no puede acusarse a Belén Gopegui es de transitar caminos consabidos. Al revés, los planteamientos rutinarios quedan lejos de sus hábitos y suele asumir riesgos infrecuentes al abordar temas de calado político social con una concepción literaria muy suya. Debe destacarse esta doble perspectiva porque en ella reside su personalidad y de la misma depende la valoración de su escritura. Describir *Acceso no autorizado* como una fábula sobre el poder y sus alrededores apenas dice nada sobre su verdadera esencia. Añadir que la autora adopta una postura muy crítica agrega poco más que la perspectiva desde la que se aborda un asunto de vieja tradición. Apostillar que ese poder tiene encarnación concreta en la política de los últimos gobiernos socialistas españoles sólo sirve para afincar a Gopegui en la línea de un realismo crítico que atraviesa su media docena de novelas publicadas hasta ahora. Otra cosa es la que debe considerarse básica: la singularidad de una trama que bordea los límites de la verosimilitud porque en verdad a la autora madrileña le importa poco presentar una historia concebida dentro de los cánones del realismo convencional; sin que por ello se incline hacia la ideación anecdótica fantasiosa ni renuncie a que la anécdota de la novela se perciba como un suceso realista, verdadero en su sustancia. Por eso *Acceso no autorizado* requiere un lector que establezca con el autor un pacto más allá del simple verismo testimonial. Así, el que el argumento suscite en su detalle serias reservas tiene importancia relativa e incluso puede implicar una mala lectura.

Belén Gopegui: *Acceso no autorizado*, Barcelona, Mondadori, 2011

En *Acceso no autorizado* ocurre lo siguiente. Un hacker entra en el ordenador de la vicepresidenta del gobierno español. Ella establece una relación de confianza con el intruso y se abstiene de dar cuenta de la presunta amenaza a los servicios de seguridad. El espía se convierte a la vez en colaborador cómplice y en una especie de segunda conciencia de la mujer. Discrepancias de gran calado de la vicepresidenta con el presidente motivan, al fin, su cese. Esta línea básica se anima con anécdotas convenientes, aunque no del todo imprescindibles, para que la novela, que al fin y al cabo, como toda ficción, tiene voluntad de recrear con amplitud la vida, inserte esa trama en un reflejo más detallado de la realidad. Esas peripecias laterales, casi pegadizas, diríamos al modo cervantino, aportan elementos complementarios: el aliciente de la intriga, la materia de la falta de escrúpulos con que se ejerce el control social y un inquietante mensaje acerca de la precaria situación de la privacidad en el mundo de la revolución tecnológica y de la sofisticada ingeniería de la comunicación.

Un dato llamativo marca la trama. Sus protagonistas admiten una trasparente identificación con personajes reales. Rasgos temperamentales públicos y el nombre de la vicepresidenta, Julia Montes, ninguna duda ofrecen respecto de a quién se refieren. Igual ocurre con Álvaro, ministro del interior, de «barba entrecana». Y al presidente del gobierno socialista actual remiten los movimientos estratégicos e ideológicos del presidente de la ficción. Este paralelismo con personas fotocopiadas de una realidad concreta se corresponde con una problemática igualmente calcada de episodios actuales. Ocurre con el motivo anecdótico central: el proyecto de integración parcial de las cajas de ahorros en un sistema de banca pública se convierte –según la novela– en una bancarización de las cajas por la presión de los bancos, lo cual les permitirá adquirirlas y aumentar cuota de mercado.

Dos personajes fundamentales reciben un tratamiento diferente. Luciano Gómez Rubio ofrece mayor dificultad para su identificación con el referente real, al menos para un amplio sector de la población desconocedor del pasado político de nuestro país. Ello se debe, seguramente, a que Gopegui ha querido preservar en él un valor modélico de comportamientos auténticos y no viciados por el utilitarismo de los partidos políticos. De todos modos, ha eludido la abstracción y la significación del personaje («fue uno de los personajes clave en la trayectoria del partido socialista»), sus gestos (la afición a fumar en pipa) y sus actitudes ideológicas llevan a atribuirle un nombre, el de Luis Gómez Llorente, teórico, sindicalista, líder de la corriente Izquierda Socialista (todavía mantiene relación con esta tendencia, se dice, y ello permite desvelar sin dudas su identidad), persona discreta y honesta, que abandonó la política tras el triunfo del felipismo en 1979. En cuanto a Eduardo, éste sí está falto de identificación específica y ello porque, me parece, conviene a la trama. El abogado hacker representa el amplio movimiento de lucha contra la dictadura y asume el papel de quien mantiene antiguos ideales de justicia después de haber abandonado la obediencia a un partido (Gopegui no da puntada sin hilo: fue militante comunista). Con toda intención, tanto Luciano como Eduardo encarnan al héroe positivo.

Este conjunto de actores remite a un tema fuerte: las posibilidades de llevar a cabo desde el poder un cambio social profundo. Gopegui se muestra pesimista respecto del poder político, cuyo ejercicio se considera, sin idealismos, como «un continuo ir y venir de secretos que hay que administrar». Además, subraya las grandes dificultades prácticas para ejercerlo por el peso de las inercias sociales y de los llamados poderes fácticos. El gobernante reformista –se dice por boca de Julia– tiene que contentarse con pequeños cambios. «La modernidad», se defiende la vicepresidenta, consiste «en conseguir que este país no le vaya a la zaga al resto del mundo». O cometer actos cuestionables. Ante la proclama de Álvaro en defensa del lento cambio de rumbo que han conseguido desde el gobierno, Julia se sincera: «no corregimos nada. Pervertimos el estado de derecho. [...] No fue una chapuza con casualidad, lo fue porque nos sentíamos legitimados para hacer cualquier cosa». Tanta culpa como a estas limitaciones achaca a la inconsistencia ideológica y al factor humano. La afirmación clave de la novela, también la más dura y arriesgada, y verdaderamente valerosa teniendo en cuenta el sustrato izquierdista de la autora, es la réplica de Julia al entreguismo pactista del presidente en diálogo con éste:

–[...] No es verdad que estés haciendo ahora, debido a la crisis, una política alejada de la ideología. No tienes ideología.

El presidente tomó aire con gesto cansino, como si fuera a contestar a un entrevistador, Julia se le adelantó:
–Déjalo –dijo–. El buen talante, los derechos civiles a los que tú llamas sociales, etcétera: son barniz, aderezos.

El bucle de comportamientos y actitudes ideológicas de *Acceso no autorizado* permite la lectura inmediata como una obra contra los políticos y antisocialista. De lo primero, da buena cuenta el retrato –algo maniqueo– nada misericorde del ministro del Interior, modelo de instrumentalización de la política al servicio de ambiciones personales y de falta de escrúpulos que le lleva a cometer vilezas y trapacerías. Lo segundo se constata en la almoneda o claudicación de un ideario. Pero esa es la inconveniente lectura posible de la novela. El tratamiento admirativo de Luciano y Eduardo –también algo maniqueo– restablece el respeto al político sincero. La movilización del partido, de sus bases, a favor de las propuestas de Julia indica una comedida confianza en los movimientos colectivos. Y la propia Julia, aunque vencida, representa un papel positivo. Su declaración con motivo del cese –uno de los momentos en que Gopegui lleva la apuesta narrativa más lejos, hasta los límites de la verosimilitud tanto por el contenido como por la circunstancia– tiene un valor inequívoco: siempre habrá políticos decentes e idealistas.

Acceso no autorizado responde a un planteamiento de literatura moral que lleva aparejado de forma casi inevitable una moraleja, aunque ésta no se manifieste como lección explícita. Las hipotecas de una práctica socialista específica y ceñida a un momento histórico preciso no desautorizan el socialismo. Las tintas negras de lo que sucede en la novela son como iluminaciones lúcidas para lanzar una alerta: el conocimiento y la corrección de los defectos de una izquierda temerosa y pactista promoverá una sociedad más justa. Además, y por encima de estas lecciones, Gopegui hace una proclama firme a favor de la vigencia de las ideologías en estos tiempos de derrotismo del proclamado fin de la historia. Sobre tal conjunto de ideas se sostiene el mensaje reivindicador y esperanzado de esta nueva novela política de Belén Gopegui ⓒ

Manuel Longares, las edades del hombre

Juan Ángel Juristo

En 1979 se publicó *La novela del corsé*, que Carmen Martín Gaite, en un artículo de Diario 16, calificó de excepcional. Su autor, un joven escritor llamado Manuel Longares, perteneciente a la misma generación que José María Guelbenzu, José María Merino, Luís Mateo Díez o Eduardo Mendoza, y que, como ellos, renovaría de una manera u otra la narrativa española, anclada hasta entonces en un realismo chato cuando no en una literatura de compromiso de cortos alcances y resultados magros, logró atisbar en ella bajo la convencional capa del realismo unas actitudes más modernas que reivindicaba atendiendo a nuestro pasado. En este sentido cabe llamar la atención sobre la correspondencia de este libro con otro, *La verdad sobre el caso Savolta*, de Eduardo Mendoza, que pasa por ser, para el canon actual, la primera novela de lo que luego se llamó «nueva narrativa española», y donde se ofrecía una visión de una España futura mediante el recurso a la narración de corte histórico, es decir, ahondando en una España ya ida pero sepultada bajo el discurso oficial del franquismo. En el caso de Mendoza, la Barcelona de las reivindicaciones obreras y del pistolerismo empresarial de finales del XIX, y en del libro de Longares, la inmersión en un Madrid de principios de siglo que ofrecía al autor una serie de características urbanas que nunca le han abandonado en sus obras posteriores. Luego vino

Manuel Longares: *Las cuatro esquinas.* Galaxia Gutenberg-Círculo de Lectores. Barcelona, 2011.

Soldaditos de Pavía, en el 84, y, más tarde la que considero su obra más acabada, *Romanticismo*, a la que se le otorgó el Premio de la Crítica en el año 2001, que completó hace cinco años con *Nuestra epopeya*, su última entrega hasta esta *Las cuatro esquinas*, de reciente publicación. Como se ve se trata de una obra breve pero intensa y de largo aliento, dueña de una calidad y de una serie de características, silencio, ahondamiento discreto en la obra, apuesta porque la misma se despliegue en un futuro –«escribir literatura es una apuesta en el tiempo», dijo el autor en una conferencia en el año 2001–, alianza entre la palabra trabajada, la imaginación y el compromiso moral.

Todo esto ha hecho de su autor un escritor de culto, como a su manera lo es Juan Eduardo Zúñiga, con el que guarda afinidades varias, entre las que habría que destacar la pasión por Madrid y su tratamiento literario y una gestualidad expresionistas que emparenta a estos autores con retratistas de la ciudad del estilo de Quevedo, Baroja, Valle Inclán, Ramón y, desde luego, Max Aub, aquel Max Aub de *La calle de Valverde*, que me viene a la memoria cada vez que leo a Manuel Longares.

Las cuatro esquinas es un libro que se compone de cuatro *nouvelles*, que transcurre en Madrid en diversas fechas, 1940, 1960, 1980 y 2000 y que corresponden a las cuatro edades del hombre según la división clásica. Esas correspondencias entre esas fechas y las de infancia, juventud, madurez y vejez, lo explica el autor en una suerte del prólogo al libro que ha titulado «Propósito» : «En el primero, los personajes son los súbditos de la posguerra; en el segundo, los jóvenes que intuyen los vientos del cambio; en el tercero, las víctimas y los verdugos de la dictadura en su adaptación a la democracia y, en el cuarto, unos ancianos preocupados por el más allá, ahora que la subsistencia no es problema acuciante. Pero, igual rango que estos personajes, cobran en el relato de 1940 la miseria, en el del 1960 la ingenuidad, en el del 1980 la perfidia y el del 2000 la trascendencia».Conviene fijarse en estas correspondencias porque, en el fondo, dicen mucho de la personalidad que el escritor ha desplegado a lo largo de toda su obra. En apariencia, Manuel Longares se ha servido de muchos recursos del realismo, con cierto gozo por el costumbrismo, que pueden dar una apariencia engañosa para quien no sepa ver detrás de la cosa, pero lo cierto es que hay en la obra de este escritor una trama muy sutil de correspondencias que le alejan de cualquier tradición realista y le acercan a modelos expresionistas, ya dije, de tradición española, pero también anclados en otras, como la centroeuropea, aquí sería pertinente citar nombres como los de Alfred Döblin, Joseph Roth y Franz Werfel. En el comienzo de la primera de estas *nouvelles*, la titulada «El principal de Eguilaz», leemos: «Cuando tocan a diana en el cuartel del Conde Duque, los enfrentados en la guerra civil se cruzan en la glorieta de Bilbao. Los vencidos se trasladan en metro al andamio de Tetuán o a la fábrica del Puente de Vallecas y los vencedores, después de un paseo triunfal por los bulevares de Alberto Aguilera y Carranza, aparcan el coche en la bodega de la calle Churruca». Esta especie de *zoom* narrativo, desde una panorámica que nos introduce en un bar de mala muerte donde transcurre parte de la historia, contiene en unas pocas líneas un abanico de referencias históricas y morales que nos mete de lleno en una atmósfera irrespirable, la de la represión feroz, los fusilamientos y el miedo de la inmediata posguerra. En este sentido es la narración que quizá prefiero del libro, por lo que tiene de trazo gordo, de realidad tremenda, de falta de concesión a otra cosa que no sea el horror. De ahí que contenga una tensión que a muchos les pueda parecer poco amable, y habría que darles la razón en ello, pero es que el arte no se construye con gestos de ese tipo y sí con la falta de concesiones. «El principal de Eguilaz», como la época que describe, es un aguafuerte de intensas emociones elementales. No otra cosa cabría esperar del momento. La atmósfera de los fusilamientos sumarios no da para algo más, y es justo esa carencia de cualquier otra emoción, sólo el miedo, es decir, la adecuación del tiempo con el estado anímico, lo que hace la excelencia de esta *nouvelle*.

Creo que la musculatura narrativa de Manuel Longares encuentra en esta modalidad narrativa su punto idóneo. Alargar las tramas hubiera hecho agua por todos lados, hubiera roto las correspondencias entre fechas históricas, edades y descripción de un estado del alma que aquí se ajustan como piezas de relojería y acortarlas hubiera producido cierta densidad que hubiera impedido desplegar todo el potencial sentimental que contiene cada una de las partes. De ellas, aparte de la primera de ellas, cabría destacar también la que se titula «Delicado» y que trata de la Transición, la convivencia política entre víctimas y verdugos. Es probable que en esta preferencia juegue un papel destacado el primer relato, porque éste le sirve de negativo, de compensación. Ante el horror inicial, ese mundo de negros y blancos contrastados al modo goyesco, la realidad de los grises, de los matices, algo que sólo puede darse cuando se mira a un futuro que se quiere luminoso. Ese estado está descrito aquí con maestría y no deja de ser una ironía, creo que no buscada por el autor, que la infancia se corresponda al horror y la madurez a la convivencia forzada con mayor o peor fortuna, tampoco que el primero se corresponda con la miseria, un estado material, y el tercero con la perfidia, un estado anímico. Creo que con este libro Manuel Longares, devoto de Schubert, al que tan bien se le daban las piezas de mediano calibre, ha conseguido quizá su obra más sutil, donde el hilo narrativo no es tan explícito como en obras anteriores. Lanzar la mirada al pasado inmediato, como hace Longares desde cierta perspectiva que le otorga una envidiable distancia, hace que la paleta gane en colores desvaídos y sutiles, lo que a veces puede adolecer de falta de fuerza. La espiritualización obligada de los años adelgaza lo tangible pero también hace que la comprensión se agrande. En esto es un gran libro ⓒ

Fuera de la ley hay mucho que escribir

Fernando Tomás

Curioso libro éste de José Ovejero, a quien conocíamos por novelas como *Las vidas ajenas* (2005), *Nunca pasa nada* (2007) o *La comedia salvaje* (2009), y por volúmenes de relatos como *Mujeres que viajan solas* (2004), pero que también a frecuentado la poesía y el teatro y que ahora se adentra en el mundo del ensayo con esta obra en la que repasa las historias de una serie de escritores que, por una u otra causa, han infringido la ley y pasado por la cárcel, en ocasiones por haber cometido algún delito atroz como un asesinato y a veces a causa de desfalcos, hurtos o escándalos públicos de diversa naturaleza que les hicieron acabar en prisión. La imagen del poeta o el novelista entre rejas tiene tintes románticos, y por eso muchos de ellos despertaron la simpatía de algunos famosos colegas y, en ciertos casos, hubo campañas del mundo de la cultura que pedían clemencia para los convictos, lo cual a veces era un riesgo: es el caso de Jack Abbott, un criminal que se hizo ávido lector para entretener su condena y que explicaba lo que había aprendido de los libros durante su largo encierro afirmando que «jamás había oído pronunciar el noventa por ciento de mi vocabulario.» Abott le mandó una carta a Norman Mailer cuando éste trabajaba, precisamente, en *La canción del verdugo*, y el prestigioso novelista decidió ayudarle, hizo que le publicasen un libro y, convenciendo a todos de que la literatura lo había reformado, logró que le dejaran en libertad: nada más salir

José Ovejero: *Escritores delincuentes*, Alfaguara, Madrid, 2011.

a la calle, asesinó de una cuchillada a un camarero. No volvería a ver la luz del sol, porque en 2002, Abott se ahorcó en su celda.

A la hora de hablar de delincuentes menores, Ovejero menciona de pasada desde al propio Miguel de Cervantes, encarcelado por traficar con trigo en el mercado negro; a André Malraux, detenido por tratar de sustraer obras de arte en Camboya; o a César González Ruano, a quien encarcelaron los nazis por un oscuro asunto monetario que él, un hombre que solía llamar a los cafés preguntando por sí mismo para que su nombre sonara, magnificó hasta compararse con Oscar Wilde y así publicó una *Balada de Cherche-Midi* (1944) que era más que parecida a la célebre *Balada de la cárcel de Reading* del autor inglés; pero se centra en otros autores como Karl May, un estafador que se hizo famoso con sus novelas de aventuras; o en Maurice Sachs, timador y sablista que debía de ser muy bueno en ese oficio puesto que entre sus víctimas se contaron Jean Cocteau, Max Jacob, Andre Guide y la modista Coco Chanel.

Pero también dedica su libro Ovejero a otros casos espeluznantes, como el de Anne Perry, que antes de ser una exitosa autora de best-sellers ayudó a una amiga adolescente a matar a su madre, en Nueva Zelanda, golpeándola en la cabeza con un ladrillo. O el de William Burroughs, que mató a su mujer de forma supuestamente accidental mientras jugaban a Guillermo Tell. Por cierto que otro de los personajes a los que se refiere José Ovejero, el dramaturgo Jean Genet, cuando visitó Estados Unidos fue recibido como un gurú por el autor de *El almuerzo desnudo* y por sus compañeros de la Generación Beat.

Escritores delincuentes también habla de personas que encontraron en la cárcel un nuevo rumbo y a las que escribir les sirvió para reinsertarse en la sociedad. A algunos no les dieron la oportunidad de hacerlo porque por razones previsiblemente políticas los mataron sus propios guardianes. Es el caso de George Jackson, dirigente de los Panteras Negras, que pasó 10 años en la cárcel por robar 70 dólares y murió en San Quintin, asesinado por la policía, que luego hizo un montaje para hacer pasar su crimen por un intento de fuga. Jackson no era un escritor, pero escribió en la cárcel una autobiografía titulada *Soledad Brother* que tuvo tanto éxito que, según recuerda Ovejero que decía Edwadd Bunker. «el sonido que más se escuchaba en la prisión de Folsom era el de las máquinas de escribir» de los presos que también querían hacerse famosos. Bunker había sido atracador de bancos y narcotraficante, se convirtió en autor de novelas policíacas de gran éxito y luego en actor, interpretando, entre otros papeles, el de Mr. Blue, en la película *Reservoir dogs*, de Quentin Tarantino). A la prisión en la que él estuvo le dedicó una canción memorable Jonnhy Cash, «Folsom prisión blues», en la que un preso está oyendo el tren pasar, sabe que no puede ser libre porque mató a un hombre en reno, pero no puede dejar de pensar en la gente que conduce por las autopistas, o bebe café en un bar, o fuma un cigarrillo... Seguramente, todos los protagonistas de este libro de José Ovejero debieron de sentir algo así durante su cautiverio, y mientras los años de su condena pasaban lentamente, la mayor parte de ellos pensaría lo que un personaje de Shakespeare: «Malgasté mi tiempo, ahora el tiempo me malgasta a mí.»

Merece la pena leer este libro singular de José Ovejero, lleno de historias para no dormir y de información sorprendente, que además está escrito, y a eso si que nos tiene acostumbrados con sus novelas y sus libros de cuentos, con una prosa certera, irónica y limpia ⊜

La fugacidad
Bianca Estela Sánchez

La historia amarga del fracaso, de los sueños fugaces que se vuelven nada, que van degenerándose como un cáncer que todo lo contamina, que se vuelve negro. Así resulta la caída de un grupo de amigos escritores que desde sus años juveniles, llenos de entusiasmo, creyeron estar en posesión de la verdad, del camino que los conduciría al éxito. Pero el éxito duró un minuto, apenas nada, y aquellos amores se fueron convirtiendo en odios que recorren las páginas de *Un sueño fugaz*, la última novela de Iván Thays, publicada en la editorial Anagrama.

La novela ha nacido de un libro anterior llamado *La disciplina de la vanidad*, que se encontraba en un cuento a su vez titulado *Los alces premeditados*. Este cuento es la base de *Un sueño fugaz*, la historia de un escritor que tuvo sus quince minutos de fama.

En su anterior trabajo, Iván Thays utilizaba la recurrente figura de un periodista que a través de sus investigaciones se adentran en el horror de una población del norte del Perú. Allí también se manifestaba el fracaso personal del protagonista, que había visto morir a su hijo y que sufría una crisis en su matrimonio que parecía irreconducible. Aunque existen paralelismos, la principal diferencia es que el protagonista de la nueva novela de Thays, que también es una unión de tres cuentos, no resulta agradable en ningún momento. Ni tan siquiera crea los lazos afectivos que sí acierta a crear un malvado. No, su mediocridad, su vida consumida por el chisme y la búsqueda de la trascendencia literaria, su pasividad ante cualquier cosa que pudiera resultar importante para el común de los mortales, provoca un rechazo, el deseo de que el fracaso se consuma como una suerte de justicia poética que siempre está

Iván Thays: *Un sueño fugaz*, Anagrama, Barcelona, 2011.

presente en las páginas del libro como una diana gigante a la que uno quiere disparar sin miedo a equivocarse.

Iván Thays demuestra su habilidad para provocar este rechazo, en definitiva para transmitir emociones y no dejar indiferente.

Uno se acaba haciendo cómplice del fracaso vital y literario del protagonista del libro, aunque en realidad el protagonista no sea el personaje, sino el conflicto en sí, el propio fracaso. Como en una muñeca rusa, las historias van naciendo unas de otras desde la desaparición de Paulo, el hijo del escritor, que se convierte en el punto de conexión de cada una de ellas.

Por último, conviene señalar que el parecido de la estructura de este libro con su primera entrega no resulta casual. Basta revisar *Las fotografías* de Frances Farmer para apreciar esa técnica de un conjunto de cuentos autónomos unidos por un hilo conductor. «Desde entonces me quedé con ganas de hacer una novela en cuentos más obvia que ese libro, que es más sutil», explicó el autor durante la presentación de la novela.

Además, dio a conocer que existen otros materiales incluidos en *La disciplina de la vanidad* que no están en esta entrega y podrían aparecer en una edición aparte. «Me gustaría publicar los fragmentos de reflexión y crítica de manera independiente de la novela», explicó. Por último confirmó que trabaja en su próxima novela, que estará pronto acabada y que está ambientada en Madrid.

Con tres novelas y tres cuentos en su haber, Iván Thays se ha convertido en uno de los más representativos autores peruanos. Considerado como el principal «animador» literario de su país, presenta un programa de televisión titulado Vano oficio y es blogger de «Notas Moleskine», una visitada web de actualidad literaria. Entre los premios que ha recibido destacan el Herralde y el Rómulo Gallegos ©

Una figura poliédrica

Isabel de Armas

De poliédrica figura calificó el Premio Nóbel Camilo José Cela a Gregorio Marañón, este médico que caracterizó una época de la historia de España; que tuvo una presencia inmensa en la vida española del siglo XX. Marañón se movió en un mundo muy amplio que incluyó: la medicina como preocupación nacional y su práctica como misión decisiva; sólido interés por el problema sanitario y social; humanismo profundo; pasión por España; elaboración de biografías como estudios del alma humana y preocupación por el exilio, en especial por los exiliados a raíz de la Guerra Civil de 1936.

En su biografía, o radiografía, que es como Antonio López Vega subtitula este libro, se ha trabajado muy a fondo el amplio recorrido vital de tan insigne personaje. Tras diez años de estudio e investigación, en el resultado queda claro que el autor no ha escatimado esfuerzo; que sigue paso a paso, casi al milímetro, el pensar y el sentir, los hechos y los dichos del doctor Marañón pero, el único pero es que este profesor de Historia contemporánea no consigue transmitir toda la fuerza y pasión que su biografiado poseía. Tal vez, consciente de su limitación expresiva y, también de sus múltiples conocimientos del tema que se trae entre manos, se ciñe en el esfuerzo de llevar a cabo un exhaustivo recorrido vital de su personaje; de todo el pensamiento y la acción que llenaron sus 73 años de intensa y comprometida vida. Pero, como digo, a la hora de exponer, a López Vega le falta garra. La «mar-

---

Antonio López Vega: *Gregorio Marañón. Radiografía de un liberal*, Editorial Taurus, Madrid, 2011,

cha» que el doctor Marañón tenía, no se deja ver bien en este riguroso y frío trabajo. Es el único «pero» que encuentro a la valiosa e impecable tesis que comentamos. Quizás esta es la razón por la que el autor utiliza en el título la palabra «radiografía», en lugar de la clásica «biografía».

El profesor López Vega divide su trabajo en cuatro partes: Juventud (1887-1922); Plenitud (1923-1936); Desconcierto (1936-1942) y Posibilismo (1942-1960). Este esquema coincide en su contenido con «el deber de las edades» que tanta importancia tuvo en el pensamiento marañoniano, En este «deber», Marañón incluye el examen sistemático de las obligaciones del individuo en cuatro etapas específicas de su desarrollo biológico: la niñez, que necesariamente demanda la obediencia; la juventud, que demanda la rebeldía; la madurez, que requiere la austeridad, y la senectud, que es una etapa de adaptación.

Marcados por el Desastre de 1898

Si Menéndez Pelayo, Galdós y Pereda fueron fundamentales en la conformación de la conciencia liberal de Marañón, el punto de inflexión de su infancia fue, sin duda, el *Desastre*. Cuando se produjo, entre abril y agosto de 1898, la destrucción de la flota española por parte de la norteamericana en Cavite, Filipinas, y en la bahía de Santiago de Cuba, Marañón tenía 11 años. Junto a los miembros de su generación, eran los que han sido llamados *teenagers del desastre*. Aquel ambiente de zozobra, consecuencia de la pérdida de los últimos reductos coloniales de España, marcó la adolescencia de la futura generación del 14. El profesor López Vega nos cuenta cómo, cuando aquellos *teenagers* se acercaron al llamado *problema de España* que heredaron de sus mayores, Marañón, Ortega, Azaña o Pérez de Ayala, entre otros muchos, asumieron el reto de generar la reforma profunda que llevase a la modernización de España, a la europeización, un reto que se convirtió en rasgo definitorio de sus contemporáneos. La emblemática fecha del comienzo de la I Guerra Mundial dio nombre a su generación, y en España fue el primer grupo generacional que no estaba formado por hombres vinculados al mundo de las letras exclusivamente. De hecho, su principal preocupación fue situar la ciencia española, en el más amplio sentido de la palabra, al nivel europeo.

En 1908, cuando Marañón contaba 21 años, encontró en Lolita, de 20, el amor de su vida. Desde que la conoció, y hasta el final de sus días, vio en ella a su media naranja. Así se lo expresaba a su querida y recién estrenada novia: »...que cada pensamiento y cada deseo sea por igual de los dos; que yo pueda encontrar un consuelo para mi desaliento o una alegría para mi alegría, en la misma medida que tú las encuentres en mí, y, en suma, que no vayamos por la vida llevando el uno al otro de la mano, sino los dos cogidos del brazo. ¿Qué te parece este modo de ver las cosas?».

Su idealización de Lolita era total. En ella veía Marañón esa compañera con la que aspiraba a compartirlo todo, a ser uno solo. Desde sus años de amor juvenil hasta su vejez, siempre vivió su amor como una gozosa y continua sintonía. Sintonía que no viene precisamente de la igualdad, de moverse de tú a tú, sino de la diferencia. Para Marañón la clave de la cuestión era la biología, para él no había duda, el fin primordial en la vida de la mujer era la maternidad. El rendimiento intelectual y creativo quedaba, pues, reservado al hombre, y en la capacidad de éste influía nada menos que la testosterona: «es más –afirmaba el sabio doctor–, hasta las más refinadas actividades de la inteligencia humana, el pensar y el crear, están estrechamente unidas con la función endocrina del testículo».

Resultaba chocante este argumento «científico» en un tiempo en el que, sin salir de nuestro país, cada vez había más mujeres con un protagonismo notable en el campo del intelecto. Casi sin pensarlo, vienen a la memoria nombres como Emilia Pardo Bazán, María Zambrano, Ernestina de Champourcín, Concha Espina, Concepción Arenal, Clara Campoamor y Victoria Kent, entre otras. Sin embargo, a pesar de que la realidad cantaba, Marañón no se apeó de sus fundamentos e insistió en que en la ciencia las mujeres son buenas técnicas, pero no inventoras; y en el arte buenas ejecutantes, intérpretes y copistas, pero que no suelen innovar nada. Por ello, para él, las actividades que la mujer desempeñaba de manera acorde a su biología eran las de maestra, enfermera y ayudante de laboratorio y, desde luego, no era apta para desempeñar cargos públicos, pues su disposición espiritual no la dotaba de «independencia de criterio, resistencia a la sugestión, firmeza de juicio, iniciativa intelectual rápida, voluntad recia, y una cierta dureza sentimental».

Esta cuestión le llevó a polemizar con científicos y feministas que sí fueron capaces de atisbar que las diferencias biológicas en nada afectaban a la capacidad intelectual de las mujeres, las cuales sólo requerían igualdad de oportunidades educativas y liberarse de las cargas domésticas y del cuidado exclusivo de la prole. Su admirado Ramón y Cajal fue uno de los grandes que defendía que lo que separaba ambos sexos era precisamente esa diferencia de oportunidades. Pero Marañón siguió pensando que lo prioritario era hacer de la mujer una persona autónoma respecto del varón con herramientas intelectuales –instrucción– y biológicas –sexualidad informada y dirigida bajo criterios eugenésicos– que le permitieran llevar una vida digna y avanzar en el campo de los derechos fundamentales. El eminente doctor insistía en que «nadie puede sostener hoy día que la esencia de la masculinidad sea superior a la de la feminidad. Son simplemente distintas; y su excelencia respectiva depende justamente de su distinción, que debe, por ello, llevarse hasta su máximo».

Liberalismo con socialismo

En la actualidad política española del verano de 1910, el sistema de turno había dado paso al Partido Liberal y su líder, José Canalejas, había asumido la presidencia del Consejo de Ministros. En las elecciones que habían ganado los liberales el PSOE había logrado por vez primera un Diputado en el Congreso de los Diputados. Desde Frankfurt, donde el joven doctor se especializaba en endocrinología, seguía con pasión y enardecimiento propios de su edad el día a día del gran teatro de la política. Marañón esperaba con ansiedad el gran momento en que Pablo Iglesias y los socialistas cambiasen el rumbo político del sistema que, desde 1898, venía renqueando y que para una parte sustantiva del país –obreros, intelectuales, políticos y partidos de izquierda– mostraba evidentes signos de agotamiento. «El joven Marañón –escribe el autor de este libro– entonces identificaba su liberalismo con las aspiraciones de Pablo Iglesias». Su izquierdismo y radicalidad causaron cierta preocupación en su medio familiar, aunque la toleraron. «Decía sentirse –afirma López Vega–, en ese momento, cada día más socialista y creía un deber defender estas doctrinas. Los hermanos de Marañón compartían sus ambiciones revolucionarias y el padre, aunque contrariado por la beligerancia de sus hijos, comprendía sus razones».

Sin embargo, su entusiasmo político no le llevó en ningún momento a abandonar lo que siempre fue la pasión de su vida: la medicina y, dentro de ella, la endocrinología. En 1914, con la publicación de su monografía *Las glándulas de secreción interna y las enfermedades de la nutrición*, adelantaba uno de los puntos fundamentales sobre el que desarrolló su investigación en décadas venideras, la llamada teoría pluriglandular, de la que fue pionero junto con el italiano Nicola Pende, el francés Gley y el norteamericano Starling. En síntesis, consistía en el análisis de la participación de las glándulas endocrinas o de secreción interna –tiroides, hipófisis, suprarrenales, genitales, etcétera.–, en diferentes procesos metabólicos humanos como la nutrición, el crecimiento, la sexualidad, la senectud, etcétera. Pero el doctor Marañón nunca fue el típico especialista. Lo que le definió fue su visión antropocéntrica de la medicina, en la que todo gira alrededor del enfermo y su circunstancia. Esta visión es la que ha hecho que pase a la historia como prototipo del médico humanista, precursor de la hoy llamada medicina personalizada, la que centra los diagnósticos y tratamientos en las particularidades biológicas, fisiológicas y metabólicas de cada enfermo.

Política y profesión

Fue Ortega y Gasset, quien entonces situado, en cierto modo, en la estela del reformismo, impulsó la Liga de Educación Política, plataforma a través de la cual habrían de hacer oír su voz los intelectuales sin necesidad de figurar en ningún partido político, en lo que sería, de hecho, el antecedente directo de la Agrupación al servicio de la República que vería la luz en 1931. Para sus integrantes, las élites culturales y científicas debían desempeñar un papel fundamental en la implantación de una España nueva y vital, a través de aquella europeización que caracterizaba a su generación. Ni que decir tiene que Marañón compartía esas aspiraciones. Su viaje de ampliación de estudios a Frankfurt, la metodología y el rigor de sus investigaciones, el racionalismo que aplicaba a su trabajo científico, le identificaban plenamente con la que se conocería como Generación del 14, generación que concebía su influencia en la política a través de su prestigio profesional. La guerra europea logró aglutinar en torno a una causa común a buena parte de los intelectuales del momento, hasta el punto de que se sintieron con fuerza suficiente para exigir a Alfonso XIII lo que consideraban urgentes reformas. Concretamente, pedían al rey la implantación del sistema parlamentario liberal con todas sus consecuencias, algo que en España no era posible, como consecuencia de las atribuciones otorgadas a la Corona en la Constitución de 1876. Alfonso XIII se negó y, a partir de entonces la relación de los intelectuales y el rey no hizo más que deteriorarse, hasta terminar en divorcio en la década de 1920.

El autor de esta biografía, destaca, más como defecto que como cualidad, el optimismo desmesurado de su personaje, que le lleva, algunas veces, a equivocarse de plano. En esa línea de «optimismo desmesurado», el 1 de agosto de 1928, en una *tercera* de *Abc*, Marañón auguraba el fin de las dictaduras como consecuencia del irreversible progreso de la humanidad. Frente a la realidad sociopolítica a la que se asistía en una Europa que estaba a punto de abrir la página más negra de su historia, Marañón pensó que el inexorable avance científico solucionaría las desigualdades entre los pueblos y que el progreso constante de la historia erradicaría las guerras. «Se equivocaba –comenta López Vega–. Ese mundo justo no sólo no llegó, sino que la humanidad se disponía a vivir la peor de las pesadillas». Pero Marañón no hizo rebaja en su optimismo y, en diciembre de 1939, de regreso en París de un viaje por Latinoamérica, en un banquete ofrecido por el embajador de Argentina, Marañón insistió en su deseo de comunión de los pueblos latinos europeos y de América del Sur, bajo la pauta del pensamiento liberal. Tras las transitorias dictaduras establecidas en los distintos países, estaba convencido de que llegaría una nueva aurora liberal. De nuevo se equivocaba, pues aún tardarían mucho en florecer los sistemas parlamentarios y los Estados de derecho. En muchos países latinoamericanos las dictaduras de distinto signo político se perpetuaron en el poder durante varias décadas.

En los comienzos de la década de 1930, Marañón basculó entre dos aguas. Si por un lado insistía en la implicación política de los intelectuales, por otro se percataba de que si la mejor gente para definir el curso político del país era la que estaba comprometida con la tarea de educar, entonces si se ausentara de esa actividad el resultado sería devastador, y no sería adecuadamente compensado con la contribución que pudiera aportar en el campo político. A finales de 1930, Ortega, junto a Marañón y Pérez de Ayala acometieron de lleno la formación de la Agrupación al servicio de la República que vio la luz en 1931. En su manifiesto se apostaba por la implantación de una República de todos que impulsase la tan mentada regeneración de España. Distanciándose del bolchevismo y del fascismo. Sus autores también criticaban la carencia de sensibilidad de la Monarquía hacia los problemas nacionales.

El 14 de abril de 1931, la prensa internacional bautizó a Marañón con el apelativo de *l'accoucheur de la République* –el partero de la República–. Nunca le gustó ese apelativo pues, aseguraba, sólo actuó como testigo en la histórica reunión en la que Romanones y Alcalá Zamora decidieron la salida inmediata de España del rey. ¿Y qué República querían? La Agrupación publicó una circular en la que destacaban cuatro puntos básicos: reforma de la sociedad y del Estado de modo ordenado y pacífico; separación de poderes y secularización del Estado; implantación de un régimen autonómico que representase la diversidad regional española, descartando el federalismo; conjugar la reducción del liberalismo económico y el incremento de la intervención estatal.

Sin perder el optimismo

Al cumplirse el primer aniversario de la llegada del nuevo régimen, Marañón no perdía el optimismo, y lo expresaba así: «Aunque no se han cumplido las promesas de felicidad paradisíaca que algunos insensatos suponían adherida al hecho escueto de sobrevenir la República, ésta es un hecho consumado, desagradable para algunos, agradable para otros; pero engranado definitivamente en la Historia universal». Sin embargo, algo estaba cambiando. A partir del verano de 1932, el desencanto se fue apoderando poco a poco de aquellos hombres liberales. En octubre se publicó un manifiesto disolviendo la Agrupación. Terminaban tres años de ilusiones y esperanzas en los que los intelectuales habían contribuido decisivamente al advenimiento de la República. Marañón, a diferencia de otros, no dejó de referirse de modo positivo al transcurso de esa etapa política. Se declaraba azañista y pensaba que don Manuel podía todavía hacer muchas cosas positivas. Pero a pesar de su optimismo imperecedero, no dejaba de ver que, una y otra vez, chocaban las dos Españas. Mientras una, representada por Menéndez Pelayo, miraba hacia el pasado, la otra, representada por Giner de los Ríos, afrontaba el futuro con esperanza y método. Para él, la nueva España podía y debía fundir ambas concepciones, para lo que sólo se necesitaba comprensión y tolerancia en cada bando. Su optimismo ya era inmortal.

En 1936 Marañón salía de España, hacia París, consternado por cómo los españoles se despeñaban por el precipicio del odio, la incomprensión y el rencor. Iba a cumplir 49 años y asistía desolado a la lucha fratricida que ponía fin a tanta ilusión y esfuerzo. Veía la Guerra Civil como un desastroso fracaso colectivo. Desde entonces y hasta el final de la guerra, dedicó decenas de intervenciones públicas, discursos, conferencias, artículos y escritos de distinta índole a explicar su visión de la contienda.

Para Marañón, España asistía a una lucha entre el comunismo y el anticomunismo. En la guerra que se estaba librando, aunque los dos bandos eran antidemocráticos, uno estaba encaminado a instaurar un régimen comunista con vocación de permanencia, en tanto que el otro desembocaría en una dictadura que él contemplaba como transitoria hacia una nueva era liberal depurada de errores pasados. Desde este punto de vista, la victoria de Franco era un mal menor. «Como muchos otros intelectuales liberales del momento –escribe López Vega–, Marañón se percató del peligro de lo que llamaban *bolchevización* o *sovietización* del Gobierno de Madrid, pero no supo ver el peligro fascista que entonces representaba Franco».

¿Qué esperaba Marañón que ocurriese tras la Guerra Civil? Sus llamamientos a la reconciliación nacional fueron constantes; algo sobre lo que insistiría permanentemente hasta el final de su vida. Ya en el verano de 1937 pidió públicamente la construcción de una España de todos, que hiciera posible el regreso de todos los españoles. «Ahora nuestro deber –decía– es predicar, como Lincoln, después de su guerra: *sin rencor para nadie, benevolencia para todos*». Pero a pesar de sus bienintencionados esfuerzos, Marañón fue visto con recelos por ambos bandos. Para los republicanos, su salida de España y su apoyo a la propaganda franquista era una traición. En la causa franquista no todo el mundo terminaba de fiarse de él debido a su perfil liberal y su pasado republicano.

En el otoño de 1942, la alternativa para el matrimonio Marañón no era o la España franquista o la Europa aliada, sino la Europa fascista/totalitaria o el exilio americano. Antes que vivir en el París nazi, Greogorio y Lolita prefirieron regresar del exilio. Él tenía 55 años y todo aquello por lo que había luchado en su vida estaba destruido: el Instituto de Patología Médica, la modernización y europeización de España, y, en fin, la República liberal que había apadrinado junto a Ortega y Gasset y Pérez de Ayala y que se había visto, primero desbordada por la revolución y, después, aniquilada y perseguida por el golpe de 1936 y la dictadura de Franco. Finalizada la II Guerra Mundial, y ya hasta el final de sus días, Marañón apoyó la causa monárquica, convencido de que era la única institución, por su tradición histórica, capaz de dotar de la estabilidad necesaria al país en su tránsito hacia un nuevo régimen parlamentario y liberal. Su implicación con la causa le acarreó algún que otro sobresalto. Franco reaccionaba implacablemente cuando se sentía amenazado.

¿Y qué podía hacer un liberal en el franquismo? El autor de este libro subraya que «aquellos liberales regresados impulsaron, cada uno a su modo, la recuperación de esta tradición política, bien a través del famoso silencio orteguiano, bien por medio de escritos, intervenciones e iniciativas desarrolladas desde diferentes ámbitos». Este fue el caso de Marañón, que publicó una serie de ensayos, junto a intervenciones públicas, en los que definía su postura política. También desde su convencido liberalismo, reivindicó la españolidad del exilio frente al discurso de la Antiespaña que la dictadura esgrimía contra los republicanos. Hasta 1960, año de su fallecimiento, continuó alentando, colaborando e intercediendo por los exiliados y perseguidos que acudieron a él. Su amistad y cercanía con coetáneos como Cambó, Araquistáin, Madariaga o Indalecio Prieto hizo que éste le escribiese en agosto de 1956: «Es la de usted la única voz que me llega desde España para reconfortarme y consolarme».

En esta rigurosa biografía, Antonio López Vega ahonda, como hasta ahora no lo había hecho nadie, en la vida y obra de Gregorio Marañón, médico, ensayista, historiador e investigador, que supo vivir a tope en una turbulenta etapa de nuestra historia ©

Instituto Internacional de Literatura Iberoamericana

Revista Iberoamericana

Directora de Publicaciones
MABEL MORAÑA

Secretario Tesorero
BOBBY J. CHAMBERLAIN

Suscripción anual

Socios	U$S 65.00
Socio Protector	U$S 90.00
Institución	U$S 100.00
Institución Protectora	U$S 120.00
Estudiante	U$S 30.00
Profesor Jubilado	U$S 40.00
Socio Latinoamérica	U$S 40.00
Institución Latinoamérica	U$S 50.00

Los socios del Instituto Internacional de Literatura Iberoamericana reciben la *Revista Iberoamericana* y toda la información referente a la organización de los congresos.

Los socios protectores del Instituto Internacional de Literatura Iberoamericana reciben la *Revista Iberoamericana*, todas las publicaciones y la información referente a la organización de los congresos.

INSTITUTO INTERNACIONAL DE LITERATURA IBEROAMERICANA
Revista Iberoamericana
1312 Cathedral of Learning
University of Pittsburgh
Pittsburgh, PA 15260
Tel. (412) 624-5246 • Fax (412) 624-0829
iili+@pitt.edu • http://www.pitt.edu/~iili

CUADERNOS
HISPANOAMERICANOS

LOS DOSSIERS

Cuadernos Hispanoamericanos

Boletín de suscripción

DON

CON RESIDENCIA EN

CALLE DE , NÚM

SE SUSCRIBE A LA REVISTA **Cuadernos Hispanoamericanos** POR EL TIEMPO DE

A PARTIR DEL NÚMERO,

CUYO IMPORTE DE

SE COMPROMETE A PAGAR MEDIANTE TALÓN BANCARIO A NOMBRE DE **Cuadernos Hispanoamericanos.**

.... DE .... DE 2010

El suscriptor

REMÍTASE LA REVISTA A LA SIGUIENTE DIRECCIÓN

Precios de suscripción

		Correo ordinario	Correo aéreo
España	Un año (doce números) .... 52 €		
	Ejemplar suelto...................... 5 €		
Europa	Un año	109 €	151 €
	Ejemplar suelto......................	10 €	13 €
Iberoamérica	Un año	90 $	150 $
	Ejemplar suelto......................	8,5 $	14 $
USA	Un año	100 $	170 $
	Ejemplar suelto......................	9 $	15 $
Asia	Un año	105 $	200 $
	Ejemplar suelto......................	9,5 $	16 $

Pedidos y correspondencia: Administración de Cuadernos Hispanoamericanos. Agencia Española de Cooperación Internacional. Avda. de los Reyes Católicos, 4. Ciudad Universitaria. Madrid. España. Teléfono: 91 583 83 96.

AVISO LEGAL PARA SOLICITANTES DE INFORMACIÓN

De conformidad con lo dispuesto en la Ley Orgánica 15/1999, de 13 de diciembre, de protección de datos de carácter personal, le informamos de que sus datos de carácter personal son incorporados en ficheros titularidad de la AGENCIA ESPAÑOLA DE COOPERACIÓN INTERNACIONAL PARA EL DESARROLLO denominados «Publicaciones», cuyo objetivo es la gestión de las suscripciones o solicitudes de envío de las publicaciones solicitadas y las acciones que ello conlleva.

Para ejercitar los derechos de acceso, rectificación, cancelación y oposición previstos en la ley, puede dirigirse por escrito al área de ASUNTOS JURÍDICOS DE LA AGENCIA ESPAÑOLA DE COOPERACIÓN INTERNACIONAL PARA EL DESARROLLO, calle Almansa, 105, 28040, Madrid.